顶级篮球联赛
美职篮

曾微隐　编著

吉林人民出版社

图书在版编目（CIP）数据

顶级篮球联赛美职篮 / 曾微隐编著.－－长春：吉
林人民出版社，2012.4
　（青少年常识读本.第2辑）
　ISBN 978-7-206-08807-0

Ⅰ.①顶…　Ⅱ.①曾…　Ⅲ.①篮球运动－优秀运动员
－生平事迹－世界－青年读物②篮球运动－优秀运动员－
生平事迹－世界－少年读物　Ⅳ.①K815.47-49

中国版本图书馆CIP数据核字(2012)第068156号

顶级篮球联赛美职篮

DINGJI LANQIU LIANSAI MEIZHILAN

编　　著：曾微隐
责任编辑：王　静　　　　　　　　封面设计：七　洱
吉林人民出版社出版 发行（长春市人民大街7548号　邮政编码：130022）
印　　刷：北京市一鑫印务有限公司
开　　本：670mm×950mm　　　　 1/16
印　　张：13　　　　　　　　字　　数：200千字
标准书号：ISBN 978-7-206-08807-0
版　　次：2012年7月第1版　　　印　　次：2021年8月第2次印刷
定　　价：45.00元

CONTENTS 目录

NBA 常识

魅力球队

CONTENTS

巨星殿堂

CONTENTS

CONTENTS

NBA 常识

NBA 是 National Basketball Association 的缩写，意思是全美职业篮球联赛。

　　1896 年，美国第一个篮球组织全国篮球联盟（简称 NBL）成立，但当时篮球规则还不完善，组织机构也不健全，经常一名队员在一个赛季中可以代表几个队参赛。经过几个赛季后，该组织就名存实亡了。

　　1946 年 4 月 6 日，由美国波士敦花园老板沃尔特·阿·布朗发起成立了美国篮球协会（英文简称 BAA），布朗首次提出了后来成为现代职业篮球两大基石的高薪制和合同制。高薪制是指职业篮球必须有雄厚的财政支援，这样才能使比赛保持在高水平上，吸引观众，求得生存。合同制是指一名选手只能与一家俱乐部签订合同，并设立选手储备制，以防球员突然离队时受到损失。

　　1949 年，在布朗的努力下，美国两大篮球组织 BAA 和 NBL 合并为全国篮球协会（简称 NBA），布朗也成为后来著名的波士敦凯尔特人队的创始人。

规模空前："三十而立"

NBA 荣光

1946年，BAA成立，这是NBA的雏形，当时拥有11支球队。

1949年，NBA正式成立。成立时拥有17支球队，分成3个赛区比赛，来自NBL的明尼阿波利斯湖人队，依靠身高2.09米的美国第一中锋乔治·迈肯的帮助，获得NBA第一个赛季的冠军。

1952年，NBA为了限制第一中锋迈肯的得分能力，将篮下3秒禁区宽度由原来的1.83米扩大到3.66米。到了20世纪60年代，由于另一位超级中锋张伯伦的出现，NBA又将禁区宽度扩大到4.88米。由于NBA的球队在比分领先时常采用拖延战术，使比赛不能吸引观众。从1954年至1955年赛季起，NBA开始实行24秒制，即每队每次进攻不得超过24秒。

从1954年至1955年赛季起，NBA经自然淘汰只剩下东部联盟和西部联盟两大赛区。其中，东部联盟又分大西洋区、中区；西部联盟又分中西区、太平洋区。

1967年，一个新的篮球组织ABA（美国篮球协会）宣告成立，乔治·迈肯任第一位主席。ABA采用红、白、蓝三色篮球，并实行远投3分制，每年还举办扣篮大赛。这些措施在NBA是不允许的。

1973年，美国哥伦比亚广播公司以2700万美元买下NBA比赛3年播映权，从而使NBA比赛首次走上电视，但因为当时还不具备实况转播的条件，所以只能播放录像。

1976年，由于经营不善，ABA被NBA吞并，球队增加到22支。从此，NBA形成对美国篮球业的垄断。

从1979年起，NBA开始实行3分远投制。为避免各队的实力悬殊太大，NBA建立了每年一度的"NBA新秀选拔制度"，将当年毕业的大学生选手按水平高低排出名次，然后由各俱乐部按当年联赛的最后排名以及最后的抽签依次挑选，排名靠后者先选，每轮各队只能选择一名。这样就保证了实力最弱的球队能得到水平最高的新秀，选到新星的弱队在新赛季中往往会脱胎换骨。

1980年，达拉斯小牛队加入NBA；1988年，新奥尔良黄蜂队和迈阿密热火队加入NBA；1990年，奥兰多魔术队和明尼苏达森林狼队加入NBA；1995年，两支加拿大球队加入NBA，即多伦多猛龙队和温哥华灰熊队（后改名为孟菲斯灰熊队），使NBA的球队达到29支；2004年，夏洛特山猫队加入，球队达到30支。

2005年，吹灭了第58根生日蜡烛，蛋糕上是一幅最新的NBA版图。夏洛特山猫队成了奶油铺的又一颗樱桃。

三十，不是纹理沉淀的旧年轮，而是内存扩张的新时空，从1946年到2004年，球队条形码从No.11到No.30。

规模空前的NBA，终于三十而立。

群雄逐鹿：NBA赛事安排

在正式比赛前，会有一个季前赛，这是NBA各支队伍的热身赛。因为在每个赛季结束后，每支球队在阵容上都有相当大的变化，为了让各队磨合阵容，熟悉各自球队的打法，确定各队新赛季的比赛阵容，也能增进队员、教练员之间的沟通，所以在每个赛季开始之前，NBA就举办若干场季前赛，使他们能以比较好的状态投入到漫长的常规赛中。季前赛不是正式的比赛，所以成绩不计入常规赛的成绩中。

NBA比赛分为常规赛和季后赛两大部分。常规赛自每年的11月初开始，至次年的4月20日左右结束。季后赛从4月下旬开始进行，直到6月中旬决出总冠军为止。

NBA的常规赛比赛采用主客场制，30支球队在常规赛赛季一共进行1189场比赛，每个球队在常规赛中参加的比赛场数都是82场。

不过，常规赛中各球队相互间的比赛场数不等。同一联盟且同一赛区的球队之间进行两主、两客，共4场的比赛；不同联盟间的球队之间进行一主、一客，共2场的比赛；同一联盟不同赛区的两支球队间进行2~3场比赛，这一比赛数目各队不同，但可

保证各队参加常规赛的总场次是82场。

常规赛结束后，按照比赛胜率（胜率=获胜场数／82）的高低排出东部、西部联盟的前8支球队，这16支队伍将获得参加季后赛的资格。季后赛首先在东、西两个联盟内部进行，对阵形势为：第一对第八，第二对第七，第三对第六，第四对第五。季后赛采取淘汰制，第一轮和第二轮都采用五战三胜制，哪支球队先获得3场比赛的胜利即可淘汰对手。比赛根据2、2、1原则排定主客场，即常规赛排名靠前的球队将获得最先两个和最后一个3个主场的优势（先打两个主场，再打两个主场，最后一场回主场）。

常规赛第三轮（即东、西部联盟决赛）和东、西部联盟冠军参加的NBA总决战采用七战四胜制，主客场则根据2、3、2原则排定。

顶级篮球联赛美职篮

球迷盛宴：NBA全明星赛

NBA全明星赛是在联赛进行到一半时举行的球迷盛宴。

NBA全明星赛每年举行一次。该项比赛是每年由观众投票选举出全美最优秀的24名职业篮球运动员（东部联盟、西部联盟各12名），组成东部队和西部队进行对抗。

NBA全明星赛比赛时双方球员轮流上场，以充分表现当选的每个球员的球技，对胜负要求不大。因此，该项赛事开办以来，吸引了世界各地的球迷观赏。

经过演变，当代的全明星赛已经发展成为"全明星周末"，为期3天，其中包括"全明星联欢会""新秀全明星赛""扣篮大赛""全能投篮大赛"和"全明星赛"。其中最精彩的当数"扣篮大赛"和"全明星赛"。在1984年首届扣篮大赛中，菲尼克斯太阳队的南斯双手各持一球，飞身起跳，将两球分别砸进篮筐，名为"霹雳风车"。

1991年，凯尔特人队的迪·布朗右臂蒙眼，左手持球横跃扣篮成功，此招被称为"夺命蝙蝠"，塞巴洛斯在1992年夺冠也靠此招。公牛队的乔丹在1987年从罚球线起跳飞向篮筐，赢得"飞人"美称。此外，在"全明星周末"还有为球迷和记者举办的各

种竞赛和表演，包括"百万美元超远投大赛"。

1950年秋，NBA刚刚创办4年，却开始走下坡路。NBA首任主席波多洛夫、波士敦凯尔特人队的总裁沃尔特·布朗商定在赛季进行至一半时，从东区和西区（当时NBA只有这两个区，共11支队）选出最优秀的球员进行一次对抗赛。但赛事的举办，场地是个问题。还是波特兰开拓者队的老板沃尔特·布朗首先站出来，对全明星赛的开创表示大力支持，并宣布免费为这个"新生"的赛事提供场地——波士敦花园。

1951年3月2日，首届NBA全明星赛如期举办，10094名球迷到波士敦花园观看了比赛。布朗连续包办了头两届NBA全明星赛，此后全明星赛被更多的篮球迷所接受，票房情况越来越好。到了1953年，第三届全明星赛终于移至福特威恩举办。

如果说1951年是NBA全明星赛的诞生之年，那么1984年绝对算得上是全明星发展史上一个重大转折点。1984年之前，NBA全明星赛的所有内容只是一场东、西部明星对抗赛，但在1984年之后，全明星赛有了一次质的飞跃，"全明星周末"的概念也由此发展而来。

近10年内，NBA全明星周末发展得越来越具规模，逐步引进了更多的项目和内容。诸如起始于1994年的新人赛，由一年级新人队对二年级球星队；1998年又开始了"双球赛"，由一位NBA球星与另一位NBA球星配对组合，进行比赛。

半个多世纪的风风雨雨中，NBA全明星赛留下了无数经典镜头，其中1992年"魔术师"约翰逊的吻别以及2003年"飞人"乔丹的眼泪，像珍贵的老照片，刻在人们心中，久久挥之不去。

龙争虎斗：
NBA历届总冠军和亚军

1946～1947年：费城武士队、芝加哥牡鹿队　　　　　　　（4∶1）

1947～1948年：巴尔的摩子弹队、费城武士队　　　　　　（4∶2）

1948～1949年：明尼阿波利斯湖人队、华盛敦子弹队　　　（4∶2）

1949～1950年：明尼阿波利斯湖人队、锡拉丘兹国民队　　（4∶2）

1950～1951年：罗切斯特皇家队、纽约尼克斯队　　　　　（4∶3）

1951～1952年：明尼阿波利斯湖人队、纽约尼克斯队　　　（4∶3）

1952～1953年：明尼阿波利斯湖人队、纽约尼克斯队　　　（4∶1）

1953～1954年：明尼阿波利斯湖人队、锡拉丘兹国民队　　（4∶3）

1954～1955年：锡拉丘兹国民队、韦恩堡活塞队　　　　　（4∶1）

1955～1956年：费城武士队、韦恩堡活塞队　　　　　　　（4∶1）

1956～1957年：波士敦凯尔特人队、圣路易斯鹰队　　　　（4∶3）

1957～1958年：圣路易斯鹰队、波士敦凯尔特人队　　　　（4∶2）

1958～1959年：波士敦凯尔特人队、明尼阿波利斯湖人队（4∶0）

1959～1960年：波士敦凯尔特人队、圣路易斯鹰队　　　　（4∶3）

1960～1961年：波士敦凯尔特人队、圣路易斯鹰队　　　　（4∶1）

1961～1962年：波士敦凯尔特人队、洛杉矶湖人队　　　　（4∶3）

1962～1963年：波士敦凯尔特人队、洛杉矶湖人队　　　　（4：2）

1963～1964年：波士敦凯尔特人队、旧金山勇士队　　　　（4：1）

1964～1965年：波士敦凯尔特人队、洛杉矶湖人队　　　　（4：1）

1965～1966年：波士敦凯尔特人队、洛杉矶湖人队　　　　（4：3）

1966～1967年：费城76人队、旧金山勇士队　　　　　　（4：2）

1967～1968年：波士敦凯尔特人队、洛杉矶湖人队　　　　（4：3）

1969～1970年：纽约尼克斯队、洛杉矶湖人队　　　　　　（4：3）

1970～1971年：密尔沃基雄鹿队、巴尔的摩子弹队　　　　（4：0）

1971～1972年：洛杉矶湖人队、纽约尼克斯队　　　　　　（4：1）

1972～1973年：纽约尼克斯队、洛杉矶湖人队　　　　　　（4：1）

1973～1974年：波士敦凯尔特人队、密尔沃基雄鹿队　　　（4：3）

1974～1975年：金州勇士队、华盛敦子弹队　　　　　　　（4：0）

1975～1976年：波士敦凯尔特人队、凤凰城太阳队　　　　（4：2）

1976～1977年：波特兰开拓者队、费城76人队　　　　　（4：2）

1977～1978年：华盛敦子弹队、西雅图超音速队　　　　　（4：3）

1978～1979年：西雅图超音速队、华盛敦子弹队　　　　　（4：1）

1979～1980年：洛杉矶湖人队、费城76人队　　　　　　（4：2）

1980～1981年：波士敦凯尔特人队、休斯敦火箭队　　　　（4：2）

1981～1982年：洛杉矶湖人队、费城76人队　　　　　　（4：2）

1982～1983年：费城76人队、洛杉矶湖人队　　　　　　（4：0）

1983～1984年：波士敦凯尔特人队、洛杉矶湖人队　　　　（4：3）

1984～1985年：洛杉矶湖人队、波士敦凯尔特人队　　　　（4：2）

1985～1986年：波士敦凯尔特人队、休斯敦火箭队　　　　（4：2）

1986～1987年：洛杉矶湖人队、波士敦凯尔特人队　　　　（4：2）

1987～1988年：洛杉矶湖人队、底特律活塞队　　　　　　（4：3）

1988～1989年：底特律活塞队、洛杉矶湖人队　　　　　　（4：0）

1989～1990年：底特律活塞队、波特兰开拓者队　　　　　（4：1）

1990～1991年：芝加哥公牛队、洛杉矶湖人队　　　　　　（4：1）

1991～1992年：芝加哥公牛队、波特兰开拓者队　　　　　（4：2）

1992～1993年：芝加哥公牛队、凤凰城太阳队　　　　　　（4：2）

1993～1994年：休斯敦火箭队、纽约尼克斯队　　　　　　（4：3）

1994～1995年：休斯敦火箭队、奥兰多魔术队　　　　　　（4：0）

1995～1996年：芝加哥公牛队、西雅图超音速队　　　　　（4：2）

1996～1997年：芝加哥公牛队、犹他爵士队　　　　　　　（4：2）

1997～1998年：芝加哥公牛队、犹他爵士队　　　　　　　（4：2）

1998～1999年：圣安东尼奥马刺队、纽约尼克斯队　　　　（4：1）

1999～2000年：洛杉矶湖人队、印第安纳步行者队　　　　（4：2）

2000～2001年：洛杉矶湖人队、费城76人队　　　　　　　（4：1）

2001～2002年：洛杉矶湖人队、新泽西网队　　　　　　　（4：0）

2002～2003年：圣安东尼奥马刺队、新泽西网队　　　　　（4：2）

（中国球员巴特尔也在此行列，这是唯一的一个亚洲身影）

2003～2004年：底特律活塞队、洛杉矶湖人队　　　　　　（4：1）

2004～2005年：圣安东尼奥马刺队、底特律活塞队　　　　（4：3）

2005～2006年：迈阿密热火队、达拉斯小牛队　　　　　　（4：2）

2006～2007年：圣安东尼奥马刺队、克利夫兰骑士队　　　（4：0）

2007～2008年：波士敦凯尔特人队、洛杉矶湖人队　　　　（4：2）

球员大梦：NBA 总冠军戒指

NBA总冠军戒指是类似奖杯一样的荣誉，总冠军队的队员不论主力还是替补，人人有份儿。在NBA打球，球员最大的梦想就是能戴上总冠军戒指，然而只有少部分球员是幸运儿。像查尔斯·巴克利、卡尔·马龙、约翰·斯托克顿这样的超级巨星，在辉煌的职业生涯中，却没有一次这样的经历。波士顿凯尔特人的中锋比尔·拉塞尔目前是NBA拥有总冠军戒指最多的球员。他在13个赛季总共获得11个冠军，也就是说，他的总冠军戒指比他的手指都要多。

对家财万贯的NBA球员来说，冠军戒指的纯粹价值不值一提，但它身上所蕴含的意义却是千金难买，打造这样一枚与众不同的冠军钻戒也绝非易事。

每一款NBA总冠军戒指从最初的设计理念到打出模子，再到最后熠熠生辉的成品，都要经过75~100人的手工劳动，而每个制作过程所耗费的时间要在10周左右，有些较为复杂的冠军戒指甚至会花上半年左右的时间。这些戒指均由14K白金制成，白金的重量都要在2盎司以上。戒指上的钻石更加昂贵，据说1996年公牛队夺冠时的那枚冠军戒指上的每枚钻石都不低于7500美元，钻

石的数量竟达76颗之多。

　　一般情况下，冠军戒指都要在著名的首饰公司打造，戒指的设计却是集思广益。在公牛队的6款冠军戒指中，其中的5款都是由球队总经理杰里·克劳斯的夫人马蒂尔设计的。回忆起这段不平凡的经历时，马蒂尔说："当首饰公司邀请我帮助设计1991年总冠军戒指时，我告诉他们，我对体育没有什么兴趣。后来，他们给我展示了以往的NBA冠军戒指，我发现它们就像是一些普通的饰品，毫无高贵、典雅的感觉，所以我最后决定要亲手为公牛队设计。"

　　马蒂尔在珠宝设计上的造诣立刻得到了球员们的普遍认可。这些戒指在除了侧面刻有NBA标志、球员的名字和球衣号码等必备标识外，正面的设计则各有新意：1993年的公牛队冠军戒指的正面以夺目的钻石做底，上面是人们熟悉的牛头，牛头是使用红石榴石手工雕刻完成的。在公牛队的第六款冠军戒指的正面，雕刻有大小6尊金杯，5尊小的镶在一尊大奖杯的杯柱上，这6尊金杯全部由钻石做成。马蒂尔甚至开玩笑地说，那颗镶在大杯顶端的钻石足有3/4克拉重，由于它太大，有很多人认为那是颗假钻。

　　总冠军戒指各有特色，人性化的设计使它具有极大的收藏和纪念价值。通常戒指上有获得总冠军的年份、球队的名称，每个球员的戒指上也都刻有自己的名字，有的还会刻上常规赛、季后赛战绩等夺冠赛季值得纪念的信息。

　　篮球运动员身材高大，手指也较常人粗大，所以总冠军戒指体积比普通人想象的要大，比如奥尼尔的戒指就是最大的17号。

至高荣誉：
奈史密斯篮球名人纪念堂

　　1891年12月初，在美国马萨诸塞州斯普林菲尔德市基督教青年会国际训练学校（后为春田学院），由该校体育教师詹姆斯·奈史密斯博士发明了篮球，当年的篮球规则只有13条。奈史密斯博士于1939年去世，终年78岁。他未曾料到，由他创建的篮球项目竟然在200多个国家流传，而且至今美国篮球誉满全球。

　　当初，这所学校的体育系主任卢瑟·古利克为贯彻冬季体育课教学大纲，委托奈史密斯博士设计一项室内集体游戏。奈史密斯博士从当地儿童喜欢用球投向桃子筐（当地盛产桃子，各户备有桃筐）的游戏中得到启发，创编了篮球游戏。起初，奈史密斯将两只桃篮分别钉在健身房内看台的栏杆上，桃篮上沿距离地面3.05米，用足球做比赛工具，向篮投掷。投球入篮得1分，按得分多少决定胜负。每次投球进篮后，要爬梯子将球取出再重新开始比赛。以后逐步将竹篮改为活底的铁篮，再改为铁圈下面挂网。人们称这种游戏为"奈史密斯球"或"筐球"，很长一段时间之后，经过他与同事们反复商量才定名为"篮球"。

　　1959年，奈史密斯篮球名人堂在马萨诸塞州斯普林菲尔德学

院建立。

1968年，坐落在学院中的篮球名人堂建筑正式向公众开放。

1985年，名人堂被扩建并迁至斯普林菲尔德市区的康涅狄格河东岸。

2002年，名人堂再次扩建，迁至原址南边。建筑耗资4500万美元，展区共7400平方米。门票从16.99~11.99美元不等，4岁以下儿童免费。

名人堂是一幢三层大楼，位于美国91号高速公路附近。与多数球迷想象中的不同，名人堂不仅针对NBA，而且面对全世界所有对篮球事业有卓越贡献的人。

从理论上来说，名人堂资格完全开放，但要进入名人堂，远比想象中困难。其一，为篮球事业做出过杰出贡献的人，无论男女、年龄、国籍、肤色、种族，都有进入名人堂的资格。美国作为世界第一篮球大国占据了名人堂成员的很大比例，能够达到名人堂标准的海外人士并不多。其二，名人堂的入门标准极其严格，球员想进入名人堂都必须等到退役后5年。教练的入选资格更为苛刻，必须执教25年以上的教练才有提名资格。其三，获得提名之后，名人堂成员审核过程异常苛刻。7人初审小组中至少有5人同意后，被提名者的资料才会递交复审委员会。这份递交的审核材料涵盖了该球员一生球场内外的所有表现，此外还附有7人初审小组的书面意见。24名成员构成的复审委员会将定期或者不定期讨论初审名单，只有不少于18人通过，被提名者才能列入名人堂名单。

名人堂资格的含金量远高于球衣号码退役或者50大巨星之类

的荣誉。伴随着岁月流逝，名人堂成员的数量仍然在不断扩大。这是由于1984届至1987届乔丹领军的那一批天王巨星都已经退出历史舞台，而且他们中的绝大多数具有提名资格，随口列举就有乔丹、奥拉朱旺、尤因、巴克利等。由于上面所提到的第二条规定"球员想进入名人堂都必须等到退役后5年，教练必须执教25年以上才有提名资格"，乔丹等伟大的球员和教练目前并未入选名人堂。

精彩瞬间：NBA之最

总冠军戒指之最：在1957年至1969年的13个赛季里，比尔·拉赛尔带领波士敦凯尔特人队获得11次NBA总冠军，他也因此获得11枚NBA总冠军戒指。

3分球纪录：单场比赛个人3分球纪录，由科比在2002年至2003年赛季对阵超音速队时创造，全场命中12个3分，连续命中9个3分也是历史最多；单场比赛全队3分球纪录由超音速队在1995年至1996年季后赛同火箭队的第二场比赛中创造，共投进20个3分球（出手27次）。

单个赛季中个人3分球命中率最高：是公牛队的后卫史蒂夫·科尔，为52.4%。他获得1996年和1997年NBA远投赛的冠、亚军。

最高和最矮：身材最高的球员是前华盛敦子弹队的曼纽特·博尔（扎伊尔籍）和前奇才队中锋吉莱赫·缪里森（罗马尼亚籍），均为2.29米。身材最矮的则仅有1.60米，是前华盛敦子弹队的博格斯；现役球员中最矮的是博伊金斯，1.65米。

单场比赛得分之最：1983年12月13日，底特律活塞队以186比184战胜了丹佛掘金队，创NBA单场比赛得分之最。

夺冠次数最多的球队：夺冠次数最多的球队是波士敦凯尔特人队，共获17次冠军。其次为湖人队，获14次冠军。

球员合同金额最高纪录：凯文·加内特成为NBA历史上签约合同金额最高的球员。2007年8月1日，他与凯尔特人队签下了5年1.25亿美元的合同。

个人得分之最：一场比赛个人得分最高纪录是100分，单个赛季个人总得分最高纪录为4029分，赛季个人场均平均最高分50.4分。这3项纪录是在1962年至1963年赛季，均由"篮球皇帝"威尔特·张伯伦创造。

能扣篮的最矮球员：能扣篮的身高最矮球员是"士兵"安东尼·杰罗姆·韦伯，曾获1996年NBA扣篮大赛的冠军，其身高只有1.70米。

球员平均年薪和最低年薪：NBA球员平均年薪为150万美元，最低年薪不得低于20万美元。

一场比赛抢到篮板球之最：张伯伦保持着1960年11月6日对锡拉丘兹国民队单场抢下55个篮板的纪录。

比分差距最大：1991年12月17日，克里夫兰骑士队以148比80击败迈阿密热火队。68分，这个NBA比赛最大分差被载入吉尼斯世界纪录。

连冠之最：1959年到1966年，凯尔特人队8连冠，创NBA连冠之最。

得分最快：2007年，大卫·李0.1秒进球，绝杀山猫队，为最快纪录。

走下神坛：NBA与梦之队

自1992年NBA球员被允许参加奥运会以来，美国国家男子篮球队都是由世界篮球的顶级联赛——NBA的超级球星组成，让人感觉这种队伍"只有在梦中才会出现"，所以叫作"梦之队"。

一般在有国际重大比赛（如奥运会、世界男篮锦标赛）开始前，美国篮球协会开始聘任教练，选拔梦之队球员。自乔丹领衔梦一队在巴塞罗那夺得冠军以来，梦之队取得了许多荣誉，但是最近几年梦之队的实力优势越发不明显，在全球范围内能与其抗衡的队伍越来越多，尤其是梦四队输给南斯拉夫获得世锦赛亚军，梦五队获得雅典奥运会铜牌。

那么梦之队是怎么排序的呢？

1992年第一次参赛的梦之队（梦一队）是为了参加巴塞罗那奥运会而组建的；梦二队是为参加1994年在加拿大安大略省多伦多市举办的世界篮球锦标赛选拔而组建的；梦三队是为参加在美国本土佐治亚州亚特兰大举办的1996年夏季奥运会组建的；梦四队是为了参加2000年奥运会组建的；梦五队是为了参加2004年第十四届世界男篮锦标赛组建的；梦六队是为了2004年雅典奥运会而组建的；梦七队是为了在日本举行的世锦赛而组建的；梦八队

是为2008年北京奥运会组建的。

梦之队的起源是一场失败的比赛。

1988年，美国国家队最后一次以大学生班底出战，兵败汉城奥运会。这使美国篮协决定组建以NBA球员为班底的国家队，以昭示美国在世界篮球界的顶级声威。

梦一队：参加1992年的巴塞罗那奥运会。乔丹、"魔术师"约翰逊、"大鸟"伯德、查尔斯·巴克利等率领第一届梦之队冲击奥运会赛场。这一队伍包揽了当时NBA的超级巨星，包括了10名入选NBA50大伟大球员的名将。"魔术师"在大赛前便玩笑般地说："若是无法拿到冠军，便全队自杀。"8场比赛兵不血刃，每场得分都超过100分，没有任何对手能在梦一队面前得分超过85分。最终8战全胜，场均净胜分达43.8分。套用梦一队主帅查克·戴利的话来说："我不请求暂停，用此方式来表达我对球员们的尊敬。"

梦二队：参加1994年的世锦赛。约翰逊、奥尼尔、莫宁、雷杰·米勒等接过前辈的钢枪，照样用8战全胜的战绩捧起世锦赛奖杯。梦二队实力已经比梦一队逊色，可美国篮球的精髓不减，场均超过对手14个百分点的投篮命中率最能说明问题……

"梦里花落知多少"，随着时间的推移，梦之队已走下神坛，雄风日减。

年度盛会：NBA的神奇选秀

NBA选秀是一年一度的盛会，在选秀大会上，30支NBA球队都可以挑选自己需要的新球员，这些球员通常都是来自美国国内的各所大学，但近年来越来越多的国际球员和高中毕业生也参加了选秀。

选秀规则

NBA选秀分为两轮，各支球队挑选球员依据一些预定的规则进行。最靠前的选秀权属于14支上个赛季没有进入季后赛的球队，这些球队将要参加一次抽签，以决定每支球队的选秀顺序，通常情况下上个赛季战绩越糟糕的球队抽到位置靠前选秀签的几率就越大。接下来的16个顺位则留给那些杀入季后赛的球队，这16支球队的抽签顺序则依据在常规赛的战绩来定，战绩越差的球队选秀顺位越为靠前，因此上个赛季常规赛战绩最好的球队的选秀位置就最为靠后。值得一提的是，2004年的选秀会当中，选秀顺位排在最后一位的并非最后获得总冠军的底特律活塞队，而是常规赛战绩排在第一位的印第安纳步行者队。

第二轮选秀的顺序和第一轮相同。然而，NBA球队允许在赛

季球员交易市场上拿他们第二轮选秀的权利作为交易筹码，从其他球队换来自己需要的球员。因此，由于交易的关系，第二轮选秀的结构有时会与第一轮的选秀结构有很大的不同。

NBA的每一支球队都必须在整个选秀大会的过程中至少挑选一名新秀球员。同时，NBA联盟的规则也禁止任何一支球队把他们未来连续两年的首轮选秀权都拿去交易。这一规则出台的部分原因，是20世纪80年代初克里夫兰骑士队的运作。1980～1983年，特德·史泰平是克里夫兰骑士队的老板，他操作的一系列颇有问题的球员交易让骑士队付出了好几年都没有首轮选秀权的代价，史泰平的这些失败的球员交易运动几乎毁了骑士队。最终NBA联盟不得不向史泰平施加压力，让他出售骑士队，然后由克里夫兰当地的一位富豪古登·甘德当上骑士队的老板，为了促成这笔交易，NBA联盟给了骑士队几个未来的奖励选秀权。这条规则只对"未来"的选秀权有效。举个例子：在1999年至2000年赛季，球队可以把2000年的第一轮选秀权送走，不论其是否在1999年的选秀中拥有第一轮选秀权，因为1999年的选秀权已经不是"未来"的选秀权。但不能把2000年和2001年的第一轮选秀权都交换出去。许多球队隔年卖选秀权，就是这个道理。另外，球队手上只要拥有一个该年第一轮选秀权，不论是自己的也好，还是在转会中从别的球队手上得来的，都可以算数。只要有一个，把其他选秀权都卖掉也没关系。

选秀抽签

NBA主管人员委员会于1984年6月在盐湖城召开会议，投票

决定无缘进入季后赛的球队选择第一轮新秀的顺序。这一制度始于1985年。而在此之前的1966～1984年，东、西部战绩最差的球队将通过抛硬币的形式决定谁获得首先选秀的权利。

在NBA选秀抽签中，常规赛战绩最差的球队最有可能获得第一选秀权，而无缘进入季后赛的球队中战绩最佳的机会最小。抽签将决定最先3支球队的选择权顺序，而剩下的无缘进入季后赛的球队，则按照常规赛的战绩倒序进行选择。

在抽签仪式中，主持人会把编号为1～14号的14个乒乓球放在一个鼓形容器中。从14个球中随意抽出4个球可以产生1001种可能的组合情况，这当中不考虑选择的先后。在抽签之前，参加抽签的球队按照常规赛排名获得1000种组合情况。4个乒乓球会被依次抽到容器的顶部，以组成一个4位数的组合，获得这一组合的球队将获得头号选秀权。这4个乒乓球将被送回容器底部，随后再重复之前的情况，以决定2号和3号选秀权的归属。如果抽出的组合情况不在分配的范围之内，那么抽签将重新进行。

挑选球员

所有美国球员都可以在他们大学毕业之后自动进入NBA选秀。美国球员还可以在他们高中毕业之后至他们完成大学学业这段时间宣布参加选秀。NBA设立两个球员宣布参加选秀的日期，所有希望参加选秀的球员并不会自动符合选秀条件，他们必须在第一个宣布参加选秀日之前或者当天宣布参加选秀。在此之后，NBA会为那些未来可能参加选秀的球员设立几个选秀前的训练营，让球员们在训练营里向联盟球队展示他们的能力与技巧。任意一

名球员都可以在最后的宣布参加选秀日之前作出决定把自己的名字撤回，决定不参加当年的选秀，最后宣布参加选秀日在选秀大会之前的一个星期。

　　当一名球员在首轮选秀被选中时，选中他的球队必须和他签订一份期限至少为一年的合同，而在第二轮被选中的球员所在的球队，则可以"拥有"这名球员 3 年时间，但是球队不一定要和他们签约。

魅力球队

NBA 共有 30 支球队。

其中西部联盟有 15 支球队，涉及 3 个赛区。一是西北赛区，包括明尼苏达州森林狼队、丹佛掘金队、犹他爵士队、波特兰开拓者队、俄克拉荷马雷霆队(前超音速队)；二是太平洋赛区，包括萨克拉门托国王队、洛杉矶湖人队、菲尼克斯太阳队、金州勇士队、洛杉矶快船队；三是西南部赛区，包括圣安东尼奥马刺队、休斯敦火箭队、达拉斯小牛队、孟菲斯灰熊队、新奥尔良黄蜂队。

东部联盟有 15 支球队，涉及 3 个赛区。一是大西洋赛区，包括纽约尼克斯队、新泽西网队、波士敦凯尔特人队、多伦多猛龙队、费城 76 人队；二是中部赛区，包括底特律活塞队、印第安纳步行者队、克里夫兰骑士队、密尔沃基雄鹿队、芝加哥公牛队；三是东南部赛区，包括迈阿密热火队、奥兰多魔术队、华盛敦奇才队、亚特兰大鹰队、夏洛特山猫队。

圣安东尼奥马刺队

【队名溯源】

最早时球队大本营在达拉斯，队名为"达拉斯橡木队"，1970年更名为"德克萨斯橡木队"，1973年移师圣安东尼奥后改名为"马刺队"。"马刺"是骑马者钉在鞋后跟上的一种铁制的刺马针，以此为队名，可以反映出美国西部大开发的时代特征。

【球队简史】

1976年入盟的马刺队是NBA的"插班生"，在20世纪90年代由于两位状元秀大卫·罗宾逊和蒂姆·邓肯的先后加盟，使球队实力得到了两次质的飞跃，以他们为核心的"双塔战术"造就了一支独特且强大的内线，这也为球队带来了1999年度NBA总冠军。

历史上，在"冰王"乔治·格温的率领下，马刺队以其出色的进攻力逐渐成为NBA的一支劲旅，并于1982年和1983年两次闯入西部决赛，但两次都败给了由"魔术师"约翰逊领衔的洛杉矶湖人队。

焦急的马刺队经过两年漫长的等待，终于盼来了1987年选中的状元秀"海军上将"大卫·罗宾逊从海军服役归来，球队也连续两年位列中西区头名，新人王罗宾逊当之无愧地进入西部全明星阵容。这位超级中锋7次入选NBA最佳阵容和最佳防守阵容，10次入选全明星阵容，并成为NBA历史上50位巨星之一。

　　由于伤病原因，1997年球队成绩"跳水"——20胜、62负。但历史在马刺队重现，球队又得到了一位状元秀"石佛"蒂姆·邓肯，并迎来著名教练格雷格·波波维奇。1999年，NBA因劳资纠纷一度停摆，常规赛也由82场缩水为50场，马刺队捧得球队历史上首个总冠军奖杯，邓肯成为总决赛MVP。

　　进入21世纪，随着帕克和吉诺比利等名将的加盟，马刺逐渐成为联盟中实力最强的球队。2003年，马刺队终于等来了中国籍中锋巴特尔，此前邓肯在篮下不能强吃"鲨鱼"的问题得到彻底解决。借助巴特尔强劲的肌肉力量，在篮下给邓肯助攻，那一年邓肯终于打败"鲨鱼"，巴特尔功不可没，并且那一年巴特尔被业内人士评价为总决赛MVP。2007年，马刺队在总决赛横扫骑士队，夺取了9年中第四个总冠军奖杯，正式标志着"马刺王朝"的诞生。

休斯敦火箭队

【队名溯源】

球队最早是在盛行军需产业的圣地亚哥，1961年迁至美国国家航空航天局（NASA）所在地休斯敦后，"火箭"这个名字更加名副其实了。

【球队简史】

火箭队是一支有高中锋传统的球队，包括早期的摩西·马龙、拉尔夫·桑普森到奥拉朱旺，以及2002年首轮选中的姚明。

1967年火箭队加入NBA，当时落户于圣地亚哥，经历了4个平淡的赛季后，于1971年搬到休斯敦。跟许多球队一样，火箭队的处子赛季令人失望。1967年至1968年赛季，火箭队15胜、67负。第二个赛季火箭队从休斯敦大学得到"大E"埃尔文·海耶斯，他在新秀赛季平均每场就拿下28.4分，火箭队成绩开始上扬。1968年至1969年赛季，火箭队取得37胜、45负的成绩，打进了季后赛。

1970年，火箭队27胜、55负，1971年40胜、42负。从1971

年开始，火箭队搬到了休斯敦。休斯敦人更喜欢看橄榄球，所以火箭队搬到这里并没受到多大的欢迎。

1976年至1977年赛季，火箭队得到了传奇人物摩西·马龙。当时火箭队还有汤姆·贾诺维奇等人，他们以49胜、33负取得1977年中区冠军，但在东部决赛中败给76人队。

1978年至1979年赛季，摩西·马龙平均每场拿下24.8分、17.6个篮板，夺得常规赛MVP，火箭队也再进季后赛，但在第一轮就被淘汰。

1983年和1984年，火箭队连续拿到两个头号选秀权，分别选中了拉尔夫·桑普森和哈基姆·奥拉朱旺，两个身高2.1米以上的球员组成"双塔"。火箭队1985年杀入季后赛，但在第一轮就被爵士队淘汰出局。

1994年，火箭队获得首个总冠军奖杯。奥拉朱旺在那个赛季平均每场得了27.3分、11.9个篮板和3.71个盖帽。

在2002年选秀大会上，火箭队钦点来自中国的姚明为状元，再次引入高个中锋，一个新的时代开始了。

2008年，火箭队与国王队进行了一桩重磅交易，火箭队用鲍比·杰克逊和在夏季联赛中表现极为出色的新秀东特·格林，再加上100万美元的现金补偿，从国王队换来了联盟出名的防守悍将——罗恩·阿泰斯特，这使得火箭队有了3名重量级的明星球员，也使火箭队成为本赛季总冠军的大热门。

菲尼克斯太阳队

【队名溯源】

菲尼克斯是亚利桑那州的首府，位于美国西海岸的沙漠中，年降水量稀少，阳光充足，以"太阳"为队名最有代表意义。

【球队简史】

1968年太阳队进入NBA。第一个赛季太阳队很不成功，战绩是16胜、66负。更糟的是太阳队在选秀时错过了后来名扬NBA的"天钩"贾巴尔。太阳队与东部最差的雄鹿队用硬币决赛，结果太阳队选"人头"输了，雄鹿队选中了贾巴尔。贾巴尔两年后就带雄鹿队获得总冠军。但太阳队后来选中了科涅·霍金斯也不无小补。霍金斯是后来的名人堂成员，他带着太阳队在第二个赛季就杀入了季后赛。在1969年至1970年的季后赛，太阳队打进了第二轮，并与湖人队大战7场，虽然以失败告终，但太阳队已经浮出了水面。

1973年，约翰·马克列德成为太阳队的主教练，也改变了太阳队的历史。两个赛季后他就将太阳队带进了总决赛。1975年至

029

1976年赛季，在"最佳新秀"阿尔凡·阿丹姆和保罗·韦斯特法尔的带领下，太阳队在常规赛中40胜、42负。季后赛太阳队表现神勇，以4比2淘汰了超音速队后，又以4比3将上届冠军勇士队拉下马，闯进了总决赛，与凯尔特人队对阵。太阳队先输两场，但回到主场后连胜两局。第五场比赛两队打了3个加时，被称为"最伟大的比赛"。赫德在最后一秒的不可思议的高抛跳投，将太阳队带入第三个加时赛。虽然最后太阳队以126比128失利，并且最后以2比4的大比分输了比赛，但太阳队却一战成名。

从20世纪80年代开始，太阳队不断上升。1988年至1989年赛季，太阳队成为联盟中进攻最犀利的球队，取得了55胜、27负的成绩，并成为第一支取得4个奖项的球队：最佳教练、最佳第六人、进步最大球员和最佳管理。

1994年至1995年赛季，太阳队都是夺冠热门，但都在第二轮被后来的冠军火箭队淘汰。

2004年，太阳队签下了全明星后卫纳什，在主帅丹东尼的率领下开始大打攻势篮球，在联盟掀起小球风暴，近几年已成为西部冠军和总冠军的有力争夺者。2008年，太阳队迎来了一位巨星——"大鲨鱼"奥尼尔，并将马里昂送到热队，有奥尼尔、斯塔德迈尔、希尔和纳什这"四大天王"的太阳队，将取得良好战绩。

达拉斯小牛队

【队名溯源】

Mavericks的英文意思是尚未驯服的小牲畜，加上达拉斯处在美国的西南部，马和骑马的牛仔是美国西部的象征，因此，达拉斯人就将马作为自己城市的球队标志。除了"小牛"这个译法，一些地区还称其为"牛仔队"。

【球队简史】

1979年，百万富翁唐纳德·卡特和小牛队筹建经理诺姆·索努力寻求在达拉斯建立一支NBA球队。

1980年，小牛队在全明星赛举行期间加盟NBA，在交了12万美元后，达拉斯获准组队参加1980年至1981年赛季的比赛。

虽然小牛队在NBA是个后辈，但很快就成为一支有竞争力的球队。20世纪80年代，小牛队一直被看成一支很有前途的球队。但在20世纪90年代初，小牛队开始走下坡路，两度逼近球队最差战绩。从20世纪90年代中期开始，小牛队开始恢复元气。

1980年至1981年是小牛队的第一个赛季。小牛队以15胜、67负的糟糕战绩结束，但此后他们成绩连年上扬，到1983年至1984年赛季时，小牛队取得了43胜、39负的成绩，第一次杀入季后赛。

　　1988年至1989年赛季，伤病袭击了小牛队，使该队6年来第一次被摒于季后赛门外。1990年再进季后赛，但此后连续多年都处于球队重建的过程中，连续10年未能远离季后赛。1994年至1995年赛季，小牛队选中的贾森·基德带来了新的希望。在新秀赛季中，基德平均每场拿下11.7分、5.4个篮板和7.7次助攻，他也与希尔成为当年的最佳新秀。加上贾马尔、马什本和吉姆·杰克逊，基德与他们组成名闻一时的"三J组合"。

　　"三J组合"没保持多久。1996年至1997年赛季，小牛队阵容大改组，"三J组合"分崩离析。1996年12月，基德到了太阳队，小牛队得到芬利和AC·格林。1997年2月7日，唐·尼尔森成为新总经理，他在一周内就将马什本送到热火队，迎来了科特·托马斯，10天后他又将吉事姆·杰克逊送到网队，得到了布拉德利等人。一个赛季下来，有27张面孔在小牛队出现，他们以24胜、58负结束赛季。

　　2005年至2006年赛季，小牛队终于迈过西部决赛，闯入总决赛。

　　2006年至2007年赛季，小牛队在开局4连败的情况下打出67胜、15负的联盟史上第六的佳绩，创造了球队历史最佳战绩。

　　2007年至2008年赛季，迫于湖人队和太阳队大力扩军的压力，小牛队老板库班几乎送出了半支球队（送出德文·哈里斯、

迪奥普、莫莱斯·安格尔、特兰敦·哈塞尔和范霍恩，以及两个首轮选秀权和300万美元），换来联盟中的贾森·基德，以在季后赛中走得更远。

新奥尔良黄蜂队

【队名溯源】

1988年，在夏洛特组建并进入NBA，球队的队标就是一只凶猛的班胡蜂，是从社会上征集来的作品。另外，夏洛特市的市徽上也有蜂的图案，当时称为夏洛特黄蜂队。2002年，黄蜂队由夏洛特市搬迁到新奥尔良，队名随之改为新奥尔良黄蜂队。

【球队简史】

1987年4月22日，NBA决定扩军，夏洛特黄蜂队与热火队、魔术队和森林狼队一起成为NBA新成员，1988年黄蜂队等队正式开始NBA比赛。2002年黄蜂队搬到新奥尔良。

黄蜂队最初的名字叫夏洛特黄蜂队。经历了最初的沉闷，在1991年和1992年，黄蜂队幸运地在选秀中连续得到拉里·约翰逊、阿伦佐·莫宁。两名全明星球员帮助黄蜂队在进入NBA的第5个赛季就闯入季后赛。

1996年至1997年赛季，黄蜂队创造了54胜、28负的球队历史最佳战绩。全明星赛的最有价值球员格伦·莱斯以平均每场

26.8分的成绩位列全联盟第三名。

1999年至2000年赛季，鲍比·菲尔斯意外身亡，黄蜂队经历了最困难的时期。怀着巨大悲痛，黄蜂队奇迹般地在常规赛最后的16场比赛中赢得14场，最终进入季后赛。

进入21世纪，黄蜂队表现得超乎想象，在2001年只差一步就打入了东部联盟决赛。2001年至2002年赛季，拜伦·戴维斯成为球队的核心。由于他的出色表现，戴维斯不但入选了2002年东部联盟的全明星阵容，而且带领黄蜂队杀入季后赛。

2005年，黄蜂队在选秀中得到4号秀克里斯·保罗，这名身高仅为1.83米的后卫彻底改变了这支超级弱旅的命运。

2007年至2008年赛季，由于泰森·钱德勒、佩贾·斯托贾科维奇的加盟，以及保罗和大卫·韦斯特的成长，黄蜂队取得了该队在NBA常规赛历史上的最好战绩——西部第二位，克里斯·保罗更是入选常规赛最佳阵容，并超越了纳什和基德，成为联盟的助攻王和抢断王。在季后赛中，黄蜂队更是在第一轮以4比1战胜了基德、诺维斯基领衔的达拉斯小牛队，克里斯·保罗在这一系列比赛中完全压制住了基德。第二轮在两度领先的情况下被邓肯领衔的马刺队以4比3翻盘，克里斯·保罗也遗憾地结束了自己的征程。

2008年至2009年赛季，卫冕冠军凯尔特人队的夺冠功臣詹姆斯·波西加盟黄蜂队，使黄蜂队的实力继续增强，并被很多人认为是夺冠的大热门。在刚刚进行的季前赛中，黄蜂队取得了全胜的战绩，使得人们对这支生力军有了更多的期待。

犹他爵士队

【队名溯源】

创建于1974年，当时主场在新奥尔良，队名为"新奥尔良爵士队"。1980年移师犹他州的盐湖城后，依然沿用"爵士队"这个名字。

【球队简史】

1974年爵士队在新奥尔良成立，1979年搬迁至犹他的盐湖城至今。经历了最初几年的挣扎后，从20世纪80年代开始，爵士队成为季后赛的常客，从1983年到2002年，该队年年常规赛胜率超过50%，连续19年打入季后赛。1997年和1998年，爵士队两次打入总决赛，但两次都败给乔丹率领的公牛队。

1974年，爵士队成为NBA的第十八支球队，"手枪"马拉维奇是该队得到的第一个队员。当赛季马拉维奇平均每场得23.5分，但是爵士队23胜、59负，在赛区排末座。

1976年至1977年赛季，埃尔金·贝勒成为爵士队的主教练。1979年，爵士队搬迁到盐湖城。经过建队初期的艰辛后，爵士队

终于在1983年至1984年赛季杀入季后赛。丹特利当赛季罚球946次，中了813个，成为NBA历史上第四节单赛季罚球得分突破800分的球员。爵士队也第一次杀入了季后赛，从此就待在季后赛的位置上不肯下来。

爵士队多年来一直能保持稳定的成绩，主要原因是阵容稳定。卡尔·马龙和斯托克敦是多年来的强强组合。

1984年，爵士队在第十六位顺位选中约翰·斯托克敦，1985年又在第十三位选中卡尔·马龙，两人成为此后爵士队的脊梁。20世纪90年代爵士队两入总决赛，就是他们的功劳。

两人经过近10年的配合，终于在1996年至1997年赛季达到巅峰。

但是，爵士队两次都与冠军只有一步之遥。

两次冲顶未果，爵士队元气大伤，此后球队开始走下坡路，卡尔·马龙和斯托克敦也渐显老态，球队的重组问题已经被摆到桌面。1998年至1999年赛季，卡尔·马龙获得第二个常规赛MVP，但爵士队在西部半决赛中就以2比4败给开拓者队。第二个赛季以同样的比分被开拓者队淘汰。2000年至2001年赛季爵士队开始整敦，霍纳塞克退役，霍华德·埃斯利到了达拉斯，曼宁和约翰·斯塔克斯前来效力。2001年至2002年赛季，爵士队开始年轻化，基里连科等人成为球队的未来力量。当赛季爵士队以西部第八的身份进季后赛，在第一轮就被国王队淘汰。

2002年至2003年赛季，卡尔·马龙和斯托克敦还是当家球星，但是在爵士队的日子为数不多。该队的目标只能是进入季后赛。

洛杉矶湖人队

【队名溯源】

1948年加盟NBA时，湖人队还在明尼苏达阿波利斯，但是一次飞机失事，使湖人队老板痛下决心，于1960年搬迁到洛杉矶。队名也是征集来的，大意是在美国东北部五大湖工作或者居住的人。

【球队简史】

洛杉矶湖人队是NBA历史上为数不多的常青树之一，该队的夺冠次数仅次于凯尔特人队。湖人队的最大特点是总有伟大的中锋与其联系在一起，迈肯、张伯伦、贾巴尔以及奥尼尔等人打造了"湖人王朝"。

自1948年加入NBA以来，湖人队在6年内五夺总冠军，湖人"第一王朝"应运而生。湖人队得到迈肯后实力大增，1947年成立的第一年就夺得NBL的总冠军。1948年湖人队跳槽至NBA的前身BAA，湖人队的NBA纪元也从此开始。1949年湖人队打败华盛顿国会队，夺得BAA总冠军。该赛季结束后，BAA与NBL合并成NBA，湖人队夺得改称NBA后的第一个总冠军。但1950年至1951

年赛季，湖人队却以1比3不敌罗切斯特皇家队，错失3连冠的机会。1951年至1954年，湖人队夺得NBA历史上第一个3连冠。但此后湖人开始走下坡路，1954年到1982年，只有两次折桂（1972年、1980年）。

1979年，湖人队选中"魔术师"约翰逊，湖人队的"表演时刻"到来。约翰逊当年就为湖人队夺得了总冠军。

1999年至2000年赛季，菲尔·杰克逊入主湖人队，与奥尼尔和科比·布莱恩特打造出第三个"湖人王朝"。总决赛面对东部冠军步行者队，湖人队以4比2胜出，夺得自1988年以来第一个总冠军。

2004年至2005年赛季，由于与科比的矛盾激化，奥尼尔和科比注定有一个要离开，经过一个长期的痛苦的选择，湖人队与科比续约，并围绕科比进行重建。而奥尼尔则被湖人队交易到了迈阿密热火队，换来了左手魔术师拉马尔·奥多姆、铁血大前锋布莱恩·格兰特以及刚刚崭露头角的小前锋卡隆巴特勒。

2005年至2006年赛季，科比创造了NBA历史单场第二高得分：81分。

2007年至2008年赛季，湖人队在赛季中期意外地以微小的代价，用夸梅布朗交易来全明星球员保罗·加索尔，加上日益成熟的年轻中锋"小鲨鱼"安德鲁·拜纳姆、表现稳定的球队当家科比、二当家拉马尔·奥多姆，湖人队又有了向总冠军冲击的希望。常规赛结束后，科比当选常规赛MVP。在季后赛中，湖人队一路冲击，以4比0横扫掘金队，4比2打败爵士队，4比1击败卫冕冠军马刺队，顺利挺进总决赛。但是在被众多专家看好的情况下，湖人队以2比4再次败于宿敌凯尔特人队之手。

金州勇士队

【队名溯源】

1946年诞生于费城，队名为费城武士队，是为表达对美国独立战争中牺牲的勇士的一种敬意。1962年，移师旧金山后改为金州勇士队。

【球队简史】

勇士队原来在费城，1962年才搬到金州。由于近年来战绩不佳，勇士队几乎被人遗忘，但该队却是最早加盟NBA的11支球队之一；在NBA历史上，曾3次夺得总冠军，NBA的第一次总冠军得主就是勇士队（那时叫BAA）；NBA单场最高分纪录保持者张伯伦就是在勇士队拿下100分的。近年来勇士处于低谷，在西部难以出头，到2002年为止，已经连续8年没有进入季后赛。

福尔克斯是勇士队的第一个球星，在1946年至1947年赛季，他平均每场得23.2分，比排在第二的多出6.4分，当赛季勇士队以4比1击败芝加哥雄鹿队夺得总冠军。1946年至1947年赛季，勇士队仍然打进总决赛，但输给巴尔的摩子弹队。

两个联盟合并后，勇士队沉寂了3年。此后勇士队的战绩都不错，1959年至1960年赛季，勇士队得到了身高2.13米的张伯伦，实力大增。张伯伦的得分能力无人能敌，但是他未能率球队夺冠。

从20世纪70年代开始，勇士队连续8年进入季后赛。1974年至1975年赛季，里克·巴里平均每场拿下30.6分，勇士队以48胜、34负成为太平洋区冠军。在总决赛中遇到了华盛敦子弹队，以4比0轻松取得第三个冠军。

从20世纪80代年开始，勇士队成绩时好时坏，最差的时候是1987年至1988年赛季的20胜、62负。20世纪90年代初，勇士队的成绩又开始上扬。1991年至1992年赛季，勇士队在穆林的率领下取得55胜、27负的成绩，但在季后赛第一轮就被超音速队淘汰。

1992年至1993年赛季，勇士队受队员伤病影响，成绩一落千丈。1993年至1994年赛季，勇士队选中韦伯，也杀入了季后赛，但第一轮就被淘汰。此后勇士队变动不断，直到2006年至2007年赛季，在重回勇士队的老尼尔森的教导下，勇士队时隔13年重回季后赛，并在第一轮淘汰小牛队。尽管第二轮以1比4输给爵士队，但勇士队的表现仍然值得期待。

丹佛掘金队

【队名溯源】

原名丹佛火箭队，是ABA创始球队之一。1974年加入NBA后曾改名为金块队，因为19世纪美国对西部进行大开发时，曾在丹佛发现了金矿。

【球队简史】

ABA的最后两个赛季，在球队经理大卫·汤普森和马文·韦伯斯特的策划下，引进了丹·伊塞尔和鲍比·琼斯等实力球员，聘请拉里·布朗作为球队主帅。丹佛掘金队打出了球队历史上最好的成绩，连续两年取得超过70%的胜率，并且在1975年至1976年赛季成功杀进ABA总决赛，不过2比4输给了纽约网队，错过了唯一一次夺取ABA总冠军的机会。

进入NBA后，丹佛掘金队继续着在ABA时的强劲表现，在头两个赛季连续获得分区冠军，而第三个赛季也只是以一场之差的微弱劣势失守。不过，好运并没有带进季后赛，1977年至1978年赛季，球队在西部决赛中2比4输给西雅图超音速队。

布朗在1978年至1979年赛季结束后离开了丹佛掘金队，球队成绩一落千丈，直到1981年唐·莫上任。唐·莫崇尚进攻，他的战术理论就是"run and gun"，这是一种极具压迫性的打法，要求球员快速得分而几乎放弃防守，从而把丹佛掘金队打造成一支极富竞争力的球队。整个20世纪80年代，丹佛掘金队经常取得115分以上的高分。

配合教练的打法，球队不断引进攻击力强的球员。1980年至1981年赛季，丹佛掘金队换来了两位得分机器——阿莱士·英格利什和基基·范德维格，他们的赛季平均得分都超过25分。1984年至1985年赛季开赛前，球队又用范德维格与波特兰开拓者队交换得到了身高1.90米的弹簧腿后卫拉斐特·莱弗、低位强力大前锋加尔文·纳特以及中锋韦恩·科普。极具慧眼的球队经理文斯·伯利拉还被评为当年的最佳经理。唐·莫以英格利什为球队核心，用进攻引领着NBA潮流。

1989年至1990年赛季结束后唐·莫离开了球队，保罗·韦斯特海德接任。韦斯特海德同样奉行"run and gun"的理论，而且比莫更注重进攻，忽略防守。

1992年至1993年赛季开始之前，球队炒掉了韦斯特海德，请来了前ABA传奇人物，球员时代曾经效力丹佛队的丹·伊塞尔作为球队新教练，又在选秀大会上得到了新秀前锋拉方索·埃利斯和后卫巴伦特·史密斯。最终丹佛掘金队以36胜、46负的成绩结束赛季，距季后赛仅一步之遥。

进入21世纪，丹佛掘金队依然继续着低迷的状态。2006年至2007年赛季，丹佛掘金队曾经有不错的势头，然而2006年12月

16日在纽约麦迪逊花园广场的斗殴毁了一切。球队多名主力遭到禁赛。后来球队交换来了费城76人队的超级巨星阿伦·艾佛森，期待艾佛森和安东尼能组成全联盟的最强火力。

萨克拉门托国王队

【队名溯源】

该队更名之多是NBA其他球队望尘莫及的，刚成立时叫"罗切斯特皇家队"，1957年更名为"辛辛那提皇家队"，1972年改称"堪萨斯城·奥哈马国王队"，直到1985年才定居萨克拉门托，更名为"萨克拉门托国王队"。

【球队简史】

早在1948年就加盟NBA的国王队并非以其出众的战绩而闻名于NBA，频繁地迁移，使球队获得了"总在旅行的国王"这一称号。

在加盟NBA的最初几年中，原名罗切斯特皇家队的这支球队曾是NBA中的一支强队，并获得过1951年的NBA冠军。但在此后，却再也未能尝过冠军的滋味儿。

1957年，球队移居到辛辛那提并改名为辛辛那提皇家队。奥斯卡·罗伯逊的来到使皇家队有了新的希望。然而，皇家队却始终无法突破波士敦凯尔特人队这一难以逾越的障碍。在这一时期，

强大的凯尔特人队以13个赛季获11个冠军的气势统治着NBA。1972年，球队迁移到西部并改名为堪萨斯城·奥哈马国王队。1975年球队再次更名为堪萨斯城国王队。

1981年，国王队闯入西区总决赛，虽然随后以1比4不敌休斯敦火箭队，但这却是截至当时国王队取得的历史最好成绩。1985年国王队迁移到加州首府萨克拉门托市，并更名为萨克拉门托国王队。在1982年到1995年十几年的时间里，国王队战绩糟糕，只在1986年进入季后赛，而且首轮就被淘汰出局。

1995年至1996年赛季，以一批年轻球员组建主力阵容的国王队才再次冲入了NBA季后赛，虽然首轮便遭淘汰，但打法已经逐渐完善。1998年，主教练阿德尔曼到任，同年韦伯、贾森·威廉姆斯和南斯拉夫"双雄"迪瓦茨、斯托亚科维奇加盟，使国王队真正强大起来。2001年，麦克·毕比和威廉姆斯来到国王队，加上克里斯蒂的到来，国王队的阵容变得空前强大。

从1998年至1999年赛季开始，国王队连续4个赛季打入季后赛，并且不断创造出好成绩，刷新本队和NBA的纪录。2001年至2002年赛季，国王队以61胜、21负的全联盟最佳战绩进入季后赛。在西区总决赛中，国王队和卫冕冠军洛杉矶湖人队进行了7场惊心动魄的决战，最终在第七场的加时赛中以6分之差饮恨出局。

球队经过2001年至2002年赛季的辉煌过后，成绩开始下降，并且鼎盛时期的球员多已转会他队或退役。

波特兰开拓者队

成立于1970年，当时波特兰正好是西部大开发的中心地，因此用"开拓者"给球队命名能反映出那个时代的特征。

【球队简史】

跟NBA大多数球队一样，1970年加入NBA的波特兰开拓者在入门后也遭遇了一段黑暗的困难时期。但是，这段时期只维持了短短的7年，开拓者队便在比尔·沃尔敦的率领下直冲云霄，奇迹般地夺下了总冠军奖杯。这不仅是球队历史上的首个奖杯，而且是球队至今唯一拿到的一次总冠军奖杯。

1974年，开拓者队在选秀会上挑中了前锋比尔·沃尔敦。一直受腿伤困扰的沃尔敦在1976年至1977年保持了良好的竞技状态，他的出色球技帮助开拓者队夺得了1977年的NBA总冠军，这是球队历史上最为辉煌的时刻。1976年至1977年赛季，开拓者队在常规赛上取得了49胜、33负的战绩，但是谁也没有想到这支第一次闯进季后赛的球队竟然能一路杀到西部决赛。

整个20世纪90年代，开拓者队都是西部强队，从1990年到2002年，开拓者队年年进入季后赛。1999年、2000年两个赛季，开拓者队连续闯入西部决赛，但分别被马刺队和湖人队淘汰。在2000年的西部决赛中，开拓者队与湖人队大战7场，最后一场第四节该队一度领先15分，但还是被翻盘。此后开拓者队元气大伤，球队陷入低谷，再也没能进入季后赛。

　　2007年夏天，开拓者队得到了被广泛看好的状元秀格雷格·奥登，并换走兰多夫，完成球队的重建，期待能够重新成为西部的一支劲旅。

俄克拉荷马雷霆队

西雅图超音速队诞生于西雅图，是世界上最大的飞机制造商波音公司的总部所在地。1967年球队建立的时候，波音公司正在开发制造超音速客机，而在波音公司帮助下创立的球队也选择了"超音速"这个名字。2008年夏天，西雅图超音速队将主场搬迁至俄克拉荷马州的俄克拉荷马市，球队也更名为俄克拉荷马雷霆队。

【球队简史】

西雅图超音速队是西雅图最早成立的职业体育俱乐部队。成立于1967年10月，1975年首次打入季后赛，1979年首次获得NBA总冠军，亦是该队目前为止唯一的总冠军。

20世纪90年代，是超音速队的巅峰时期，亦是超音速队历来最受瞩目的年代。该队在加里·佩敦、肖恩·坎普、肯特·基尔及教练乔治·卡尔的带领下，于1994年取得全联盟最佳的常规赛成绩：63胜、19负。然而在常规赛所向无敌的超音速队，在季后赛却出师不利，在首轮面对排名最低的8号种子丹佛掘金队，先胜两场后却连输

顶级篮球联赛美职篮

3场，耻辱性首圈出局，震惊篮坛。超音速队成为NBA史上首支在季后赛首圈就被淘汰出局的1号种子球队。1995年，超音速队以57胜、25负再度杀入季后赛，却再一次被排名比自己低的对手淘汰（洛杉矶湖人队，48胜、34负）。到了1996年，超音速队以64胜、18负完成正规赛。这一次，走得更远，并杀入总决赛。可是该队在总决赛遇上当时所向无敌、由乔丹带领的芝加哥公牛队，结果，超音速队以2胜、4负失利。这次是超音速队近年最有机会夺得总冠军的时机。

接下来的1997年至1998年赛季，超音速队仍然强劲，分别在常规赛取得了57胜和61胜，但是未能再进总决赛。1998年至1999年赛季，超音速队25胜、25负，8年来第一次未能进入季后赛。但一个赛季后，超音速队重新回到季后赛轨道。

到了21世纪，超音速队不断调整阵容。佩敦仍是球队的核心，但是引入了一批新人。2001年至2002年赛季，佩敦平均每场得22.1分、9次助攻，他也第八次成为全明星球员，超过此前超音速队球员西克马的纪录。

2003年，佩敦离开效力12年之久的超音速队，换来雷·阿伦，但球队战绩始终难以更上一层楼。

2007年夏天，超音速队先后送走了球队当家球星雷·阿伦和刘易斯，并在选秀第二顺位选中凯文·杜兰特，这位号称历史上最强榜眼秀的小前锋将肩负起振兴超音速队的重任。

2008年夏天，超音速队将主场搬迁至俄克拉何马州的俄克拉荷马市。9月3日早晨，随着俄克拉荷马的原超音速队召开新闻发布会，宣布了自己的新队名——雷霆。NBA最新的一支球队终于诞生，也代表着超音速这一名字成为历史。

孟菲斯灰熊队

【队名溯源】

灰熊队于1995年诞生，当时作为NBA海外扩张计划的一部分，主场设在加拿大的温哥华市，并以加拿大西部非常有代表性的动物"大灰熊"给球队命名，象征着篮球的力量。2001年，灰熊队迁回美国田纳西州的孟菲斯市，更名为孟菲斯灰熊队。

【球队简史】

1995年5月16日，NBA正式批准温哥华灰熊队成为NBA第29支球队，与灰熊队一同加入NBA的还有猛龙队。与大多数刚入门的NBA球队经历类似，灰熊队在NBA最初的几年日子过得很艰难，是出名的鱼腩部队。最初的4个赛季，灰熊队在常规赛上的胜绩从未超过20分，甚至曾创下过23场连败的NBA纪录。在一片凄风苦雨中，让灰熊队唯一感到安慰的是每年让旁人羡慕不已的选秀权。资历浅、地位低的灰熊队凭借选秀权和交换权，逐渐拥有了不少颇有能力的球员——1995年的布莱恩特·里弗斯、1996年的"探花秀"阿布杜尔·拉希姆、1998年的麦克·毕比，但是明星的到来并未真正改变灰熊队的鱼腩身份。

2001年，灰熊队搬至美国孟菲斯后，决定从头开始。球队紧锣密鼓地开始了一系列运作，逐渐建立起由贾森·威廉姆斯、洛伦岑·赖特、西班牙新秀帕乌·加索尔、肖恩·巴蒂尔和古登等悍将组成的强大阵容。威廉姆斯以表演性球风著称，加索尔于2002年当选为最佳新秀，灰熊队逐渐走进人们的视线。

2002年，灰熊队迎来了新篮球业务总裁——NBA著名星宿、名人堂成员杰里·韦斯特，同时得到了美国联邦快递公司9000万美元的资助以及后被命名为美国联邦快递广场的新主场。

新队员、新总裁、新主场，年轻的灰熊队为自己定下了一个长远的目标。

2004年，灰熊队创造了历史，建队后第一次冲进季后赛，并且是以西区第六的身份，如此的进步只能以奇迹来形容。杰里·韦斯特当选年度最佳经理人，主教练胡贝尔·布朗荣膺年度最佳教练。但是，2006年至2007年赛季，由于加索尔受伤，灰熊队仅22胜、60负，成为全联盟倒数第一的球队。2007年2月15日，孟菲斯灰熊队成为NBA历史上首支在一年一度的NBA明星赛开始前常规赛落败场数达到40场的球队。

洛杉矶快船队

【队名溯源】

1970年成立于布法罗（水牛城），队名为"布法罗勇敢者队"。1978年迁到圣地亚哥后，更名为"圣地亚哥快船队"。1984年又迁至洛杉矶，更名为"洛杉矶快船队"。

【球队简史】

快船队是一支搬迁过多次的球队。1970年初入NBA时落户于布法罗，称为布法罗勇敢者队。1977年至1978年赛季，经NBA总裁大卫·斯特恩的允许，勇敢者队搬到圣地亚哥，并且很快就改名为快船队。1981年球队易主，斯特林成为球队老板，他在1984年将快船队搬到了洛杉矶。

1970年至1971年赛季，快船队22胜、60负，在大西洋赛区排末座。1972年至1973年赛季，快船队得到新秀鲍勃·迈克阿杜，虽然他成为最佳新秀，但是仍未能率快船队走出困境。

经过3个失败的赛季后，快船队终于打进了季后赛。1973年至1974年赛季，名帅杰克·拉姆齐率快船队取得了42胜、40负的

成绩。迈克阿杜第二次成为全联盟的得分王，平均每场拿下34.5分。在季后赛第一轮，快船队以2比4输给凯尔特人队。1974年至1975年赛季，快船队走得更远，打进了东部半决赛，并与华盛顿子弹队打到了第七场，最后以3比4失败。

快船队逐渐走上正轨，但1976年至1977年赛季，球队易主，又将迈克阿杜卖到了尼克斯队。快船队突生变动，球队成绩下降，当赛季只有30胜、52负，球队上座率也骤降，老板已经开始考虑搬家了。

经历了一个更为失败的赛季后，快船队于1978年搬到圣地亚哥。1978年至1979年赛季，快船队在圣地亚哥的处子赛季表现不错，取得了43胜、39负，但当赛季西部球队成绩很好，最后一位进入季后赛的也取得了45胜，快船队还是未能进入季后赛。

从1976年至1977年赛季开始，快船队连续16个赛季未能进入季后赛。直到1991年至1992年赛季，快船队才再度跻身季后赛行列。其间，快船队于1984年搬到了洛杉矶。

1991年至1992年赛季，曼宁和哈珀成为快船队的领军人物。赛季中期，拉里·布朗成为主教练，快船队以45胜、37负结束赛季，16年来首入季后赛。在第一轮他们以2比3败给爵士队。

快船队并没有因此而崛起，从1992年到2002年，也只是3次打进季后赛，另外两次是1993年和1997年，3次都在首轮就被淘汰。

进入21世纪，快船队开始重建球队。到2003年为止，年轻球员成为球队主流。布兰德、安德列·米勒以及奥洛沃坎迪等人成为支柱。中国球员王治郅于2002年加盟，使快船队成为最受中国

球迷关注的球队之一。2002年至2003年赛季，快船队成为联盟最年轻的球队之一，也成为打球最好看的一支球队，但是要想进入季后赛，还需要努力。

明尼苏达森林狼队

【队名溯源】

1989年加盟NBA，以明尼苏达地区数量很多的一种凶猛的野生动物"森林狼"命名。

【球队简史】

明尼苏达森林狼队组建于1987年，于1989年首次参加NBA。对于森林狼队来说，NBA之路是异常艰难的。

明尼苏达曾是NBA历史上最成功的球队城市之一，是洛杉矶湖人队的根据地。因此，球迷们对森林狼队从一开始就充满了期望。然而，现实却不由得让他们失望，一连8个赛季，球队都未能够冲入NBA季后赛。虽然球队已经几次更换主帅和招募新秀球员，却仍然难以改变球队沦为垫底的命运。

1989年才入盟的森林狼队是NBA中的一支青年近卫军。在全联盟垫底多年后，以凯文·加内特为首的一群优秀球员加盟球队，确立了森林狼队极富朝气和激情四射的球风。

转机出现在1995年，这一年森林狼队在首轮第五顺位大胆选

中了高中生球员凯文·加内特。这位19岁的新秀没有让大家失望，1996年至1997年赛季就带领球队取得了历史性的突破，成功杀入季后赛。这位球队历史上的第一位全明星球员，不但赢得了球迷的爱戴，而且得到了一份6年1.2亿美元的天价合同。

1995年和1996年两年的球员选秀和转会使森林狼队有了一定的起色，1996年至1997年赛季，球队终于有史以来第一次打进了NBA季后赛。

但是，1989年至今，明尼苏达森林狼队未获总冠军。而围绕加内特的交易也困扰着森林狼队。

加内特转会凯尔特人队的交易，让波士顿绿衫军团在伯德1992年退役之后第一次回到了联盟顶尖球队的行列。凯尔特人队用球队中最年轻、最有天赋的几名球员，还有两个未来的首轮选秀权，从森林狼队换来了加内特。

此外，在达成这笔交易的同时，凯尔特人队也和加内特就合约续约的问题达成一致。加内特的经纪人团队提出了5年1.25亿美元的超级续约方案，而森林狼队在谈及加内特的转会时很担心这位超级明星会在转会后的一个赛季就选择从现在的合同中跳出。目前，加内特和森林狼队的合约还剩下两年，但是他在2009年夏天拥有球员选项。

最终，凯尔特人队夺得历史上第十七个总冠军奖杯，而森林狼队则吞下了22胜、60负这个苦果。

克里夫兰骑士队

【队名溯源】

1970年入盟，克里夫兰在给新成立的职业篮球队起队名时，在当地投票表决，结果6000张选票中超过三分之一的票数选了"骑士"。

【球队简史】

1970年入盟的骑士队，是NBA中最不走运的球队之一。

虽然在NBA闯荡了30多年，队中也时有明星闪耀，但只在2006年至2007年赛季，依靠当家球星勒布朗·詹姆斯的个人能力进入总决赛。

骑士队处子赛季以15胜、67负的糟糕战绩亮相，从此开始了艰辛的NBA历程。此后4年，骑士队常规赛排名始终在中央分区垫底儿。此间虽然有多位球员入选全明星阵容，却没有给球队带来任何起色。

1976年，骑士队转入34岁的老将内特·瑟蒙德，他与伤愈复出的奥斯汀·卡尔和博比·史密斯一起，带领球队以49胜、33负

的战绩在中央分区排在首位，并杀入激动人心的季后赛。但其后球队两度被拍卖，主教练和球员频繁更迭，骑士开始了长达7年的沉寂。

1985年，在主教练乔治·卡尔的率领下，球队重返季后赛，不过首轮就被卫冕冠军凯尔特人队击败。接着，著名教练伦尼·威尔肯斯到任，在他的调教下，骑士队逐渐恢复信心，获得新生。不幸的是，虽然屡屡杀入季后赛，却难以逾越"飞人"乔丹和他的公牛队。

2003年，被视为乔丹接班人的勒布朗·詹姆斯以状元秀身份加盟骑士队，并迅速跻身一流球星行列，克里夫兰人再次看到球队复兴的希望。

2006年至2007年赛季，骑士队的"骑士们"历史上首次闯入总决赛，但遭遇强大的马刺队，以0比4败北，也成全了对手9年中拿了4个冠军。

2007年至2008年赛季，骑士队以东部第四的成绩，击败奇才队后进入半决赛。面对三巨头领军的凯尔特人队，骑士队苦战7局，凯尔特人队的皮尔斯最后爆发，得到41分，詹姆斯虽然得了45分，但骑士队最终失利。

底特律活塞队

【队名溯源】

1948年加入NBA时大本营在韦恩堡，老板是从事活塞制造业的，"活塞"就成了球队的队名。1957年，球队迁到汽车城底特律后仍然沿用这个名字。

【球队简史】

1948年入盟的活塞队是NBA资历最老的球队之一，在经历了长达41年的漫长等待之后，才登上NBA总冠军的宝座，成为联盟历史上"大器晚成"的典型。

活塞队前身为1941年成立的韦恩堡活塞队，主场设于韦恩堡，先后在NBL和BAA中雄霸一方。

1948年，球队随BAA并入NBA，并一度在1955年和1956年杀入总决赛，可惜均以1比4负于对手。

1957年，球队迁址汽车城底特律，却没能带来好运。主教练更迭频繁，成绩仍然毫无起色。

1981年，球队通过选秀得到了"微笑刺客"伊塞亚·托马斯。

这个多才多艺的榜眼后卫，拥有出其不意的各种投篮技巧、杂技般的切入、闪电般的速度和神出鬼没的妙传。在效力活塞队的13年间，他两度率队夺得总冠军，12次入选全明星阵容，3次入选年度最佳阵容。

1988年，令人望而生畏的活塞队先后击败"飞人"乔丹领军的公牛队和强大的凯尔特人队，在总决赛中与湖人队大战7局，最后以3分之差惜败。

1989年，"坏孩子"们卷土重来，这次他们没有错失良机，在再度击败公牛队之后，凭借杜马斯的出色发挥，以4比0的比分干净利落地击败缺兵少将的湖人队，获得总冠军，次年又在击败开拓者队后成功卫冕。

2004年，拉里·布朗率领的活塞队在总决赛中以4比1轻取湖人队，夺得球队历史上的第三个总冠军奖杯。

从2003年开始，活塞队连续6年打进东部决赛。

2008年11月4日，活塞队启用新秀切克·萨姆布、昌西·比卢普斯，又把安东尼奥·麦克戴斯交换到掘金队，迎来了篮球场上的"传奇小个子"艾弗森。

事实上，在2008年的夏休期间，掘金队与活塞队就曾讨论过交易比卢普斯的可能性。时隔数月，这一想法又被提到台面上来。掘金队与活塞队的最大分歧在于，活塞队希望得到年轻的卡梅隆洛·安东尼，而掘金队只愿意付出艾弗森。经过激烈的讨价还价，双方终于达成一致。

奥兰多魔术队

【队名溯源】

魔术队是NBA的新军之一，1989年才加入。因为迪斯尼世界乐园是奥兰多的一大休闲娱乐场所，而"Come to the magic"（来玩儿魔术）又是奥兰多人最爱说的一句话，魔术队因此得名。

【球队简史】

跟许多初入NBA的球队一样，魔术队经历了前几个失败的赛季。1989年至1990年赛季，魔术队以18胜、64负收场。魔术队的历史在第四个赛季发生了变化。1992年魔术队获得头号选秀权，选中了路易斯安那州立大学的沙奎·奥尼尔。奥尼尔几乎是以一己之力，带动了魔术队。当赛季奥尼尔平均每场拿下23.4分、13.9个篮板、3.53个盖帽，成为自1985年乔丹以后第一个进入全明星赛先发阵容的新秀。魔术队以41胜、41负的成绩结束了1992年至1993年赛季的常规赛，可惜球队仍然未能进入季后赛。

不过，1993年未能进入季后赛，对魔术队来说是一个好事，因为球队第二年得到了头号选秀权。

魔术队挑中了"便士"哈达威。得到哈达威的协助，奥尼尔更加势不可当。当赛季魔术队取得了50胜、32负，终于第一次闯入季后赛，但首轮就被步行者队淘汰出局。

1994年，奥尼尔入选梦二队并载誉归来。带着冠军称号回来后的奥尼尔气势更盛，魔术队在奥尼尔和哈达威的率领下，取得了东部最佳的57胜、25负。在季后赛中，魔术队先后淘汰了凯尔特人队、公牛队和步行者队，与西部冠军火箭队在总决赛中相遇。总决赛中，火箭队势如破竹，最终以总比分4比0拿到了该队第二个总冠军。

1996年，奥尼尔离开奥兰多魔术队，转投洛杉矶湖人队，魔术队神奇的"魔术"告一段落。

2000年至2001年赛季，魔术队得到猛龙队的麦克格雷迪以及活塞队的格兰特·希尔，一举成为东部夺冠呼声最高的球队。遗憾的是身价高达9300万美元的希尔一直饱受踝伤的折磨，几乎断送了球员生涯。

2004年，魔术队得到状元秀霍华德。2006年至2007年赛季，霍华德强力崛起，成为联盟中最有杀伤力的大前锋。

2007年夏天，魔术队先是用过亿薪水得到自由球员刘易斯，而后以5年8500万美元续约霍华德，一举成为东部最具竞争力的球队之一，迎来自奥尼尔、哈达威离队后魔术队的最好时刻。

波士敦凯尔特人队

【队名溯源】

1946年，11个大老板商量成立新的篮球联盟，于是BAA应运而生，凯尔特人队是最初的11支球队之一。因为波士敦有许多爱尔兰移民，其中有不少移民是凯尔特人，所以球队初建时队名就叫"原始凯尔特人队"，后简化成"凯尔特人队"。

【球队简史】

凯尔特人队几乎是NBA的百科全书，球队的历史就是一部夺冠的历史，就是一部球星的历史。17个冠军高居NBA各队之首，8连冠前无古人，后无来者，而20多个退役号码几乎使凯尔特人队无可用之号。它与西部霸主洛杉矶湖人队并称为"NBA历史上最伟大的两支球队"。

凯尔特人队最初几年战绩不佳，从1946年到1950年，都未能进入季后赛，直到1949年至1950年赛季结束后，凯尔特人队的一系列变动才使球队获得新生。

凯尔特人队最大的转机是请来了后来名闻天下的"红衣主教"

奥尔巴赫当主教练。凯尔特人经过10年的蛰伏，从1957年到1969年的13年内，拿下了11个冠军。

1956年至1957年赛季，凯尔特人队得到比尔·拉塞尔、汤姆·海因索恩。凯尔特人队以47胜、28负的全联盟最佳成绩，进入季后赛，并且顺风顺水地杀进了总决赛。凯尔特人队与圣路易斯老鹰队在前6场打成了平手，第七场凯尔特人队以125比123险胜，夺得球队第一个总冠军。

从1959年到1966年，波士敦凯尔特人队夺得8连冠。

进入20世纪70年代，波士敦凯尔特人队原有主力纷纷退役，靠约翰·哈夫利切克和考恩斯等人支撑，只在1974年和1976年两次问鼎。

1978年，奥尔巴赫独具慧眼，在选秀中挑中了拉里·伯德，凯尔特人队又迎来了新一轮的辉煌。整个20世纪80年代的NBA，是凯尔特人队与湖人队轮流坐庄的时代，凯尔特人队取得了3次总冠军。

从1986年开始，凯尔特人队走了下坡路。

2007年夏天，凯尔特人队在选秀大会期间，通过交易得到联盟第一神射手雷·阿伦和顶级大前锋凯文·加内特，与原有当家球星——全能小前锋保罗·皮尔斯组成豪华"三巨头"阵容。2007年至2008年赛季，从全联盟最差升到全联盟最佳，取得66胜、16负的骄人战绩。最终以4比2击败湖人队，获得NBA总冠军，保罗·皮尔斯获得总决赛MVP。

多伦多猛龙队

【队名溯源】

猛龙队于1995年诞生，当时作为NBA海外扩张计划的一部分，主场设在加拿大的多伦多市，队名也是征集而来的，最后选中了凶猛、速度快、弹跳高的"龙"。

【球队简史】

猛龙队是NBA最年轻的球队，1995年至1996年赛季才加入NBA。猛龙队位于加拿大的多伦多，是NBA唯一队址在美国之外的球队（温哥华的灰熊队已经搬到美国境内的孟菲斯）。虽然猛龙队的历史很短，但加盟NBA几年后很快就成为东部有竞争实力的球队之一。

1995年至1996年赛季，猛龙队第一次征战NBA。新秀达蒙·斯塔德迈尔是第一个赛季的领军人物，他平均每场拿下19分和9.3次助攻。斯塔德迈尔最后成为当年NBA的"最佳新秀"。猛龙队第一个赛季成绩不佳——21胜、61负，但球队在常规赛中曾击败了当时战绩最佳的公牛队、超音速队和魔术队。

猛龙队经过4个赛季的整合才初尝季后赛滋味儿。1998年，猛龙队在选秀中从勇士队得到新秀卡特，他成为猛龙队走出困境的最大功臣。卡特第一个赛季平均每场就拿下了18.3分，两度成为当月最佳新秀，一次成为最佳球员，他最后捧走了"年度最佳新秀"奖杯。猛龙队当赛季还以3分球闻名于联盟，3分球投篮次数和命中次数都是联盟第一，迪·布朗的3分球是349投135中。猛龙队以23胜、27负结束了1998年至1999年赛季，这是加入NBA以来的最好成绩。

从2000年到2002年，猛龙队连续3个赛季打入季后赛。1999年至2000年赛季，猛龙队用选秀权交换到安东尼·戴维斯，球队实力增强。卡特仍然持续进步，而他的表弟麦克格雷迪则在身后支持他。卡特当赛季以NBA第一的1911973票入选全明星队。卡特在全明星赛上以3个不可思议的动作夺得了扣篮冠军。

2000年至2001年赛季，猛龙队更上一层楼，打进了东部半决赛。

2001年至2002年赛季，猛龙队请来"大梦"奥拉朱旺助阵，但"大梦"已老，没发挥多大作用。在这个赛季，常规赛就快结束时卡特不幸受伤，不过猛龙队还是以9连胜结束了常规赛的比赛，画了一个完满的句号。

2002年至2003年赛季，奥拉朱旺退役，猛龙队的阵容也有所变化。卡特仍是全队的核心，但赛季初因伤缺阵几场，影响了球队战绩。安东尼·戴维斯虽然心生去意，但仍然是猛龙队的内线支柱。猛龙队还迎来了亨特，为外线提供了火力，阿尔文·威廉姆斯等人也快速成长，猛龙队已经形成了比较固定的阵容，新赛季有希望全力冲击季后赛。

华盛敦奇才队

【队名溯源】

奇才队1961年刚加入NBA时，落户于芝加哥，名叫芝加哥包装工队，第二年马上改名为芝加哥和风队，第三年搬到巴尔的摩，更名为巴尔的摩子弹队。1973年至1974年赛季，更名为巴尔的摩首都子弹队，但第二年又改成华盛敦子弹队，直到1997年至1998年赛季才改成现在的华盛敦奇才队。奇才队之所以热衷于子弹这个名字，是因为球队大本营在巴尔的摩时，巴尔的摩军需产业非常发达。球队迁往华盛敦后继续用子弹队这个名字，但是由于叫子弹这个名字有暴力倾向，于是改为奇才队，也有人称之为巫师队。

【球队简史】

奇才队的名字让人眼花缭乱，但历史却很清楚，从20世纪60年代开始，就是东部的强队之一，连年打入季后赛。不过，奇才队大部分时间在扮演失败者的角色，只在1996年至1997年赛季进入季后赛。

1961年至1962年赛季，包装工队18胜、62负，第二个赛季将名字改为"和风队"，但是战绩仍然一团糟。改名为子弹队后也未能马上见效。

1969年，子弹队开始步入东部强队行列。1967年至1968年赛季，子弹队选中"珍珠"埃尔·门罗，1968年至1969年赛季又选中新秀韦斯·昂塞尔德。

1968年至1969年赛季，子弹队取得NBA最佳成绩：57胜、25负。球队的攻击力一流，当赛季平均每场得分达到116.4分。门罗平均每场得25.8分，洛杰里平均每场得22.6分。昂塞尔德平均每场得13.8分和18.2个篮板，并将"最佳新秀"和MVP两个大奖揽入怀中，成为继张伯伦之后第二个同时得到两个荣誉的人。不过，尽管常规赛很风光，但季后赛第一轮，子弹队就被尼克斯队淘汰了。

从1966到1980年，子弹队连续15次打入季后赛，1971年、1975年、1978年和1979年还4次打进总决赛。1977年至1978年赛季，子弹队在教练莫塔的率领下夺得了当年的总冠军。

从20世纪90年代开始，子弹队开始与失败为伴，从1989年开始到2002年的14年间，子弹队（奇才队）只在1997年进入过季后赛，但首轮就被公牛队驱逐。

就在奇才队要被人们遗忘时，乔丹在奇才队复出，重新吸引了大家的目光。2001年至2002年，乔丹第二次复出，球队的比赛观众场场爆满。但赛季末乔丹膝盖受伤，奇才队实力大损，最终未能进入季后赛。

印第安纳步行者队

【队名溯源】

步行者队于1967年组建于印第安纳波利斯（Indianapolis，印第安纳州首府），加盟当时的 ABA（美国篮球协会，American Basketball Association）。确切地说，Pacers 可能译做溜马队或者溜车队更加恰当。因为根据当时的8位投资者之一——理查德·廷克汉姆介绍，这个名称的由来有两个原因：一是因为轻驾马车比赛（harnessracing pacers）在印第安纳州有着悠久的历史，而投资人之一的查克·巴恩斯本身就是一位狂热的赛马迷；另一个原因是印第500（美国享有盛誉的汽车赛事，也是和F1齐名的世界著名赛车盛事之一）所用的领跑车就叫作pacecar。廷克汉姆说，当时 Pacers 这个名字很快就定下来了，争论的焦点反而集中在应该叫 Indianapolis Pacers 还是 Indiana Pacers。最后因为当初的设想是球队虽然以印第安纳波利斯市为根，但是要在整个州内打比赛，所以球队正式命名为 Indiana Pacers。

【球队简史】

印第安纳步行者队是 NBA 的一支劲旅。自 1976 年加入 NBA 后，逐步确立了强队地位，"米勒时刻"一直是球迷津津乐道的话题。

20 世纪 70 年代，初来乍到的步行者队表现不佳，从未进入季后赛。1981 年，在当年最佳教练杰克·麦克宁的指挥下，步行者队取得 44 胜、38 负的战绩。随后，球队再次陷入低迷，1982 年至 1983 年赛季，步行者队跌落谷底，只获得了区区 20 场胜利。看不见希望的管理层甚至一度考虑将球队卖给其他城市。

随后，球队进行了一系列阵容调整，先后于 1985 年选入榜眼新秀威曼·迪斯戴尔，1986 年选入最佳新秀"步兵"查克·帕森。1987 年，著名的外线杀手、"大嘴"雷吉·米勒也被球队选中。这位忠心耿耿的神射手在步行者队服役的 15 年里，先后创造了球队和 NBA 的多项纪录，5 次入选全明星阵容并夺得一枚奥运金牌。他多次在比赛最后关头力挽狂澜，一剑封喉，让许多球队大吃"米勒时刻"的苦头。

20 世纪 90 年代，步行者队终于盼来了复兴。1991 年和 1992 年，步行者队连续闯入季后赛。1993 年和 1994 年，在著名教练拉里·布朗的调教下，球队实力更上一层楼，连续两年杀入东部决赛，可惜没能突破尼克斯队和魔术队的防线。

步行者队没有放弃对东部冠军的冲击。在最佳教练"大鸟"拉里·伯德的统帅下，步行者队于 1998 年和 1999 年重返东部决赛。2000 年，步行者队再接再厉，终于在东部决赛中击败尼克斯

队，夺得球队历史上第一个东部冠军。

2000年，将球队带上历史顶点的拉里·伯德，因为身体原因不再继续留任，另一位NBA名宿"微笑刺客"伊塞亚·托马斯入主球队。他为步行者队延续了希望，带领球队在其后的两年间继续留在季后赛。

新泽西网队

【队名渊源】

"网"指的就是"篮网",是篮球运动中不可或缺的要素之一。网队之所以起这个名字,一方面是为了和篮球攀上一点儿关系;另一方面是因为早在新泽西网队成立之前,纽约已有棒球队Mest和橄榄球队Jest,当时这两支球队都已羽翼丰满,网队起了这两个队的谐音Nets,其实也想沾一下它的光。

【球队简史】

早在1967年刚刚进入ABA时,联盟就希望球队能够在媒体云集的纽约城扎根,以壮声势,与NBA分庭抗礼。

一年后球队终于如愿,队名也从原来的"新泽西美洲人队"更名为"纽约网队"。其后,虽然在新泽西与纽约之间辗转并最终落户新泽西,但是网队始终对纽约依依不舍,与纽约尼克斯队结下了无休无止的德比宿怨。直到1972年,网队才首次挺进总决赛,虽以2比4告负,但首次引起纽约新闻界的瞩目。随着"J博士"朱利叶斯·欧文的加盟,球队脱胎换骨,在1976年加入NBA

时夺得总决赛冠军。

天有不测风云，网队因劳资之争将"J博士"转卖给费城76人队，形势急转直下，从ABA的强队沦落成NBA中的弱旅。进入20世纪90年代，就在网队连续3次重返NBA季后赛之际，28岁的南斯拉夫籍后卫德拉赞·佩特罗维奇在德国遭遇车祸，球队东山再起的梦想再次破灭。

1997年至1998年赛季，在范霍恩等新人的领军下，网队再次杀入季后赛。虽3场均败，却赢得了公牛队和全联盟的尊重。

随着全明星后卫贾森·基德、肯扬·马丁、文斯·卡特的加盟，网队开始有了起色。2001年至2002年赛季，网队厚积薄发，以常规赛52胜、30负进军季后赛，依次将步行者队、黄蜂队、凯尔特人队等强敌拿下，成为东部联盟的新科状元。在总决赛中，网队虽然被如日中天的湖人队以4比0横扫，但东部霸主的地位已然确立。2002年至2003年赛季，历史重演，网队再次东部登顶，同样失意于总决赛。之后几个赛季网队则未能进军东部决赛，调整在所难免。

2008年6月27日，密尔沃基雄鹿队与新泽西网队突然宣布两队进行重大交易，雄鹿队用易建联和小前锋鲍比·西蒙斯交换网队的前全明星小前锋理查德·杰弗森。中国人易建联正式加盟新泽西。

亚特兰大鹰队

【队名溯源】

最初命名为"三市黑鹰队"，是借用了酋长"黑鹰"的名字。1951年迁至密尔沃基后，易名为"鹰队"。1955年迁至圣路易斯，1968年迁到亚特兰大，至今仍一直使用"鹰队"这个名字。

【球队简史】

1949年入盟的鹰队，是NBA资格最老的17支球队之一。

球队原名三市黑鹰队，为密西西比河畔的3个城市所共有。1951年，球队迁入密尔沃基市，改名为密尔沃基鹰队。不过，这并没能带来好运，球队熬过了5个相当黯淡的赛季，始终未能改变西区垫底的地位。

1955年，鹰队告别了同时拥有两支NBA球队的密尔沃基，来到圣路易斯，并迅速脱胎换骨。1956年，队中核心鲍博·佩蒂特和杰克·科尔曼一起将鹰队带入季后赛。鹰队两场比赛都仅胜出1分，以2比1艰难战胜湖人队，杀入西区总决赛。鹰队此次的对手是底特律活塞队，鹰队一鼓作气，先下两城，顽强的活塞队却

连扳3局，将满怀希望的鹰队淘汰出局。同是在这一年，鹰队错失了一位伟大球员——比尔·拉塞尔。独具慧眼的凯尔特人队主教练"红衣教主"奥尔巴赫用埃德·麦考利和克利夫·哈根换走鹰队选中的新秀拉塞尔。

1957年，鹰队与拥有拉塞尔的凯尔特人队在总决赛中相遇了。决胜局最后一刻，佩蒂特连中两个3分球，把凯尔特人队拖入加时赛。随后，科尔曼的入球又将凯尔特人队拖入第二个加时赛。可惜鹰队球员没能笑到最后，他们离总冠军奖杯的距离只有区区2分。

1958年，这对冤家又在老地方碰头。尽管有伤在身的拉塞尔使尽浑身解数，鹰队仍然凭借佩蒂特等球员的出色发挥，以4比2的总比分将凯尔特人队击败。复仇成功的鹰队终于出了一口恶气，赢得球队历史上唯一一次总冠军。

1965年，鹰队送走一代豪杰佩蒂特。他在11个职业赛季中，10次入选NBA第一队，2次获得年度MVP，4次获得全明星赛MVP，并为球队夺取总冠军立下汗马功劳。1966年，鹰队迎来了核心球员"皮特手枪"卢·哈德森。1968年，球队迁往亚特兰大，改名为亚特兰大鹰队。球队虽然频繁杀入季后赛，却再无斩获。

1982年，"人类电影精华"多米尼克·威尔金斯加盟鹰队。在球技精进的同时，带领球队逐渐复苏。

从1986年起，威尔金斯这位鹰队历史上得分最多的明星和几位天才球员一起，把鹰队重新送回NBA一流强队的行列中。

1999年以来，球队战绩再次下滑，始终无法迈进季后赛大门。

2008年，"老鹰"在新世纪终于第一次进入季后赛，在一群年轻球员的带领下，"老鹰"开始复苏。

芝加哥公牛队

顶级篮球联赛美职篮

【队名溯源】

芝加哥畜牧业非常发达，该城的职业橄榄球队和职业棒球队各有一支以动物名称命名的球队，所以"公牛"便成了芝加哥职业篮球队的队名。

【球队简史】

芝加哥公牛队绝对是在全球拥有最高知名度的NBA球队。因为"飞人"乔丹——NBA历史上最伟大的球员——早已把身披公牛队23号球衣、轻灵而又霸气十足的身影，定格在每一个球迷脑海里。

1966年加盟NBA的公牛队，度过了一段艰辛的适应期后，渐有起色。1971年起，公牛队连续4年常规赛取胜50场以上，终于吹响了进攻的号角。1974年和1975年，公牛队凭借顽强的防守两度杀入分区决赛。但随着全明星球员沃克和斯隆的先后退役，公牛队开始走下坡路。尽管此后10年换了7位主教练，球员们也只能几乎年年守在电视机前观看季后赛。

1984年，公牛队的历史揭开了新的一页。当时的NBA群雄并起、人才济济，不过以选秀探花身份加入公牛队的后卫乔丹，很快就脱颖而出，大放异彩。1987年，目光独到的总经理杰里·克劳斯先后将格兰特和皮蓬招至麾下，公牛队实力大增。然而，此后3年，公牛队仍然连续被以伊塞亚·托马斯和丹尼斯·罗德曼为首的底特律活塞队阻挡在总决赛大门之外，两支球队从此结怨。

1990年，"禅师"菲尔·杰克逊被启用为主教练，他把"多点轮换"和"三角进攻"战术融入球队，公牛队日益强大起来。

1991年，所向披靡的公牛队在东区决赛中终于战胜宿敌活塞队，乔丹复仇成功。在随后的总决赛里，公牛队横扫"魔术师"约翰逊领衔的湖人队，夺取第一个总冠军奖杯。此后两年，公牛队在总决赛中又先后击败"滑翔机"德雷克斯勒领军的开拓者队和"重型坦克"巴克利统帅的太阳队，卫冕成功，以3连冠的战绩宣告了"公牛王朝"的来临。

1993年，经受丧父之痛的乔丹突然宣布退出篮坛。球队群龙无首，诸强乘虚而入。令人胆寒的是，1995年季后赛前，乔丹再度杀回NBA，那个篮球场中上帝的化身又回来了。1996年，告别了格兰特的公牛队请来了曾经的死对头"篮板王"罗德曼。公牛队继续上演NBA的神话，重新夺回王座。此后，公牛队再接再厉，连续两年将杀入总决赛的爵士队斩于马下，完成第二个3连冠的霸业。

1998年，乔丹第二次告别篮坛。皮蓬、罗德曼等旧臣也都相继离开了公牛队，就连"禅师"也放起了大假。盛极一时的"公牛王朝"衰败了，球队从此步入"后公牛时代"。

密尔沃基雄鹿队

【队名溯源】

　　和许多不知用什么动物名称给球队命名的球队一样，密尔沃基队在给自己的球队命名时也曾举棋不定，最后在包括"臭鼬""海狸"等一大堆动物名称中，选择了弹跳力好，而且是密尔沃基一带野生的"雄鹿"为球队的队名。

【球队简史】

　　1968 年才加入 NBA 的雄鹿队，绝对称得上 NBA 中最年轻的"暴发户"——仅仅 3 年之后，球队就登上了总冠军的领奖台，成为加盟 NBA 后夺冠用时最短的球队。

　　在经历一个东区垫底的处子赛季之后，雄鹿队的好运降临了。通过与以西区垫底的菲尼克斯太阳队掷硬币的方式，雄鹿队如愿以偿得到了状元新秀卡里姆·阿布杜勒·贾巴尔。这位绰号"天钩"的超级中锋在为雄鹿队征战的 6 年间，年年入选全明星阵容，3 次被评为 NBA 最有价值球员（MVP），使球队迅速跻身一流强队的行列。

1970年，在"天钩"贾巴尔的带领下，雄鹿队以56胜、26负的战绩，彻底摆脱了鱼腩部队的阴影，并成功晋级东区决赛。1971年，借助于另一位全明星球员"大O"奥斯卡·罗伯特逊加盟所带来的宝贵经验，雄鹿队在总决赛中以干净利落的4比0将巴尔的摩子弹队横扫出局，轻松赢得总冠军。

　　1976年，贾巴尔被交换到湖人队。随着年轻球员的大量启用，雄鹿队开始走下坡路，成绩沦落到东区垫底，球队开始了一系列重组。

　　1994年，球队成功签下了状元新秀"大狗"罗宾逊，可惜没能再次"爆发"起来；1996年，选中了首轮第五顺位的新秀雷·阿伦担任后卫；两年后，又请来萨姆·卡塞尔加盟。三人共同扯起雄鹿队"三个火枪手"的大旗。

　　1998年，著名教练乔治·卡尔也到任了。雄心勃勃的雄鹿队终于重整旗鼓，在缺席季后赛7年之后，一举突围。雄鹿队连续3年进入复赛，并于2001年杀入阔别13年的东区决赛。在与76人队进行了7场紧张激烈的战斗之后，雄鹿队最终惜败于决胜局独得44分的阿伦·艾弗森的手下。

　　2001年至2002年赛季，雄鹿队多名球员受伤病困扰，无所作为。就连成功入主梦五队的乔治·卡尔也在世锦赛上折戟沉沙，一败再败。最近几个赛季以迈克尔·里德为核心，但战绩并不理想。

纽约尼克斯队

【队名渊源】

正确的说法是"灯笼裤队"，因为纽约有大量荷兰移民，荷兰人最喜欢穿宽松肥大的灯笼裤，而"尼克斯"只是"灯笼裤"一词的译音。

【球队简史】

回顾NBA的历史，自1946年加入美洲篮球协会（BAA，NBA的前身）的纽约尼克斯队虽称不上是一支超级强队，却无疑是一支特点鲜明、人才辈出的球队。从弗雷泽到尤因，从乔·雷普奇到帕特·莱利，尼克斯队为美国篮球殿堂奉献了多位名帅、巨星。

乔·雷普奇教练是第一次尼克斯盛世的缔造者，自他入主后，球队成绩节节上升，特别是在1950年至1953年的3个赛季中，他带领球队连续3次杀入NBA总决赛。虽然没能取得一次总冠军头衔，但雷普奇的执教才华却是有目共睹。

20世纪70年代，由威廉·霍斯曼挂帅、威利斯·里德领军的尼克斯队在1970年和1973年赛季总决赛中两次击败湖人队，里德

本人也荣膺1969年至1970年赛季MVP和1970年与1973年两年的总决赛MVP。随着里德等球星的淡出，尼克斯队逐渐远离冠军竞争行列。直到20世纪80年代末和90年代初，随着尤因和金牌教练帕特·莱利的相继到来才真正找回强队的感觉，但球队在东部季后赛连续4次和公牛队的交锋中均铩羽而归。

1998年至1999年赛季，纽约尼克斯队以东部第八的名次进入季后赛，对阵宿敌迈阿密热火队。首战尼克斯队在热火队主场以95比75大胜20分，给了踌躇满志的热火队当头一棒。第二场热火队勉强将总比分扳平，但在第三场尼克斯以97比73再度胜出热火24分之多，率先到达赛点。第四场，热火队总算找回状态，以87比72大胜尼克斯队15分，将比赛带入第五场生死战。第五场，双方致力于防守，每一次得分都十分困难，终场前4.5秒，热火队以77比76领先1分。尼克斯队发动进攻，"中投王"阿兰·休斯敦佯装跳投，待骗过热火队的防守后径直从右侧带球向篮下冲去，随后采用了平时绝少使用的抛射。球先是碰到了篮筐，然后弹起，又碰到了篮板，最终在全场球迷的注视下缓缓进入篮筐，78比77！尼克斯队昂首晋级。

如此振奋人心的胜利让尼克斯队上下信心大增，随后以4比0横扫亚特兰大老鹰队，并在东部决赛中4比2斩落印第安纳步行者队，夺得东部冠军，跻身总决赛。但是尼克斯队早就伤痕累累，最终尼克斯队1比4不敌圣安东尼奥马刺队。

进入21世纪，纽约尼克斯队虽然也算是兵强马壮，但期待球队在近期再创以前的辉煌，则几乎是不可能的了。

夏洛特山猫队

【队名溯源】

"山猫"——北卡罗来纳州山林中的野生动物，它机警，善于捕捉猎物，拥有猫科动物的所有习性，山猫队因此命名。

【球队简史】

2002年12月29日，是NBA历史上一个值得铭记的重要日子。在这一天，经由全联盟扩展委员会的委员们一致推荐，联盟董事会最终批示通过了一项重要决定，即在NBA原有的29支球队之外再在夏洛特市补充一支新军，这样便使得全联盟的球队总数达到了30支。2002年12月29日，通过长时间的探讨和研究，NBA扩展委员会最终一致同意了这项扩军计划，而参与球队管理及入股也并非一人，罗伯特·约翰逊成为其中最大的股东，就连美国著名说唱歌手沙基也参与入股。整个山猫队的主场球馆仅仅在一年多时间内便打造完成，同时其他各项设施及配备也一应俱全，球队的吉祥物被命名为鲁弗斯，而名帅贝克斯塔夫则被任命为球队的总经理兼主教练。在此后一年多的时间里，山猫队便开始了漫长而繁杂的组建历程。

球队建设崭新的球馆（在一年后投入使用），敲定球队的吉祥物名字为鲁弗斯，此外还组建了一支真正属于自己的拉拉队。与此同时，球员挑选工作也紧锣密鼓地进行中。其中最大的举动就要算是得到大前锋埃梅卡·奥卡福了。围绕着奥卡福这一场上核心，山猫队又签来了埃迪·豪斯、梅尔文·埃里等经验丰富的老将，以及很有发展前途的年轻球员杰拉德·华莱士。

经过两年多的筹备，NBA联盟的第30支球队在夏洛特宣布成立。2004年至2005年赛季，从其他各支球队挑选球员组成的山猫队取得了相当不错的成绩。球队不仅没有像很多人预测的那样在全联盟战绩垫底，而且战胜了卫冕冠军底特律活塞队，让许多行家刮目相看。新赛季山猫队继续坚持先在NBA站稳脚跟的目标，其未来究竟如何，没有一个人能够预知。

为了保证山猫队的竞争力，2008年初联盟颁布了每支球队只能有8名受保护球员的规定，而山猫队则可以任意从各支球队8名以外的任意球员中挑选一位，同时山猫队可以以第二顺位参加2008年夏天的选秀大会。在得到特殊待遇之后，成功选中了2004年的榜眼秀埃梅卡·奥卡福。

费城76人队

【队名溯源】

作为NBA中的一支老牌球队，在建队之初，当时的费城76人队既没有把主场设在费城，也没有取名为76人队，而是起了个非常富有爱国主义意味的名字——锡拉丘兹国民队。1937年组建的锡拉丘兹国民队随着NBL（国家篮球联盟）与ABB（美洲篮球协会）的合并，于1949年加入NBA。1963年8月3日，球队召开会议准备更改球队名称。在500个建议中，球队挑选了76人作为球队名称，以纪念1776年《美国独立宣言》在费城签订。而提出这一名字的沃特·斯坦博格也凭借自己的那张小纸条和上面仅有25个单词的队名解释，为自己赢下了一次美国西海岸豪华游。

【球队简史】

在更名前的14年NBA征战中，76人队无一例外地14次杀入季后赛，多次闯入赛区和联赛决赛，并且获得了1次总冠军。但是直到1963年迁入篮球之都费城之后，这支球队才真正迎来了自己NBA生涯中的激情岁月。

第一个为76人队注入激情的球员是集速度、高度、力量和技术于一身的威尔特·张伯伦。如虎添翼的这支76人队经过两年的磨合，终于在1967年迎来了自己的鼎盛时期。球队以令人瞠目结舌的常规赛战绩（68胜、13负）杀入季后赛，并最终轻松夺冠。在1980年举行的NBA35周年庆典上，这支球队被评为NBA历史上最强大的一支球队。

张伯伦于1969年被交换到洛杉矶湖人队，76人队的成绩随之开始下滑，到1972年至1973年赛季甚至低落到9胜、73负的常规赛胜率。沉寂中，谦谦君子"J博士"朱利叶斯·欧文来到费城。他为费城人带来了令人如痴如醉的球技，还把76人队重新带入强队行列。但是，20世纪70年代末到80年代初是一个群雄争霸的时代，"J博士"率领的76人队在1980年总决赛和1981年季后赛中分别受阻于"魔术师"约翰逊的洛杉矶湖人队和"大鸟"拉里·伯德的波士顿凯尔特人队。直到1982年至1983年赛季，天才中锋摩西·马龙的加盟，才为76人队打开了通向NBA总冠军的胜利之门。马龙本人也荣获常规赛和决赛双料MVP。

20世纪80年代中后期，孔武有力、光芒四射的查尔斯·巴克利数次将球队带入亚特兰大赛区和东部联盟决赛。20世纪90年代初，巴克利转会后的76人队又经历了一段难熬的低迷岁月，但是进入90年代后期，76人队终于迎来了"神奇小子"艾伦·艾弗森的横空出世。

自拉里·布朗教练入主球队后，76人队发生了根本性的转变，不仅比赛更具观赏性，比赛成绩也节节上升。而在2006年至2007年赛季中途，艾弗森却转会丹佛掘金队。

迈阿密热火队

【队名溯源】

1988年组建，球队位于四季温暖宜人的佛罗里达州的迈阿密，所以在众多队名候选名单中选中了"热"，既显示出迈阿密的气候条件，又希望球队能有个红红火火、蒸蒸日上的未来。

【球队简史】

热火队是1988年NBA扩军时加入NBA的，与之一起进入NBA的还有魔术队、森林狼队和黄蜂队。经历了前几个赛季的困境后，热火队开始成为东部强队之一。1995年至1996年赛季，NBA著名教头"神算子"帕特·莱利成为热火队主教练，他的加入给热火队带来了强悍之气，使球队成为NBA中最顽强的球队之一。

莱利上任后即对球队进行大刀阔斧的重组，从黄蜂队交换来了全明星中锋阿伦佐·莫宁、埃利斯和迈尔斯。执教热火队的首个赛季，莱利就率队重新闯入季后赛。可惜热火队第一轮碰到的是当时72胜、10负的公牛队，被淘汰。

1996年至1997年赛季，热火队成为NBA最令人吃惊的球队。在常规赛中热火队取得了61胜、21负的佳绩，高居大西洋赛区的榜首。季后赛热火队先是淘汰了魔术队，然后与尼克斯队大战7场，最后杀入了东部决赛。在与尼克斯队的比赛中，热火队以1比3落后，但是热火队连胜3场，最后反败为胜。在决赛中，热火队又碰到公牛队，再次被淘汰。

热火队与尼克斯队的仇恨在1997年就播下了种子，此后愈演愈烈。1997年至1998年赛季，两队在季后赛首轮相遇。前3场比赛热火队以2比1领先，但在第四场比赛中，两队打得火星四溅，最后莫宁与拉里·约翰逊大打出手，双双被禁赛，尼克斯队捞到了便宜，连下两城，淘汰了热火队。

热火队与尼克斯队的恩怨在继续。1998年至1999年赛季，热火队33胜、17负，高居东部第一，而尼克斯队仅居东部第八。两队在季后赛首轮再次相遇，尼克斯队在第五场比赛中以78比77胜出，再次淘汰热火队。

1999年至2000赛季，热火队52胜、30负，与老冤家尼克斯队在东部半决赛再次聚首，这一次失败的仍然是热火队，在第七场比赛中以82比83落败。

2000年，莫宁参加奥运会归来，却被检查出患了严重的肾病，之后休养一年复出参赛。虽然病魔缠身，但是这位坚强的男人没有让疾病打倒。

2001年至2002年赛季，热火队未能走出困境，成绩一路下滑。只取得36胜、46负，7年来第一次缺席季后赛。

2002年至2003年赛季，莫宁在赛季开始前就宣布缺席整个赛

季，热火队实力再次受了削减，帕特·莱利几乎无可用之兵。埃迪·琼斯和布莱恩·格兰特仍然是主力，新来的贝斯特也担起先发。新秀卡隆·巴特勒成为热火队的主力小前锋，表现不错，获得第一个月的"最佳新秀"称号，但是热火队仍然阵容不整，新赛季难能有所作为。

在连续多年冲击总冠军未果后，热火队在2004年至2005年赛季从湖人队换来最具统治力的中锋奥尼尔。同年，球队得到了一位新秀韦德，两人构成内外线的超级组合。2005年至2006年赛季，热火队在并不为人看好的情况下，一路杀进总决赛，并在0比2落后小牛队的情况下，连扳4局，夺得了总冠军，而韦德则拿下了MVP。

2006年至2007年赛季，奥尼尔只打了几场比赛就高挂免战牌，"闪电侠"韦德则依靠超强的个人能力和不懈的斗志，率领全队为季后赛资格苦苦拼争。在季后赛首轮被芝加哥公牛队以4比0横扫。

2007年至2008年赛季，热火队全队状态低迷，奥尼尔被转到太阳队，换来了马里昂。

巨星殿堂

　　NBA已经走过半个多世纪的风雨历程,为了纪念50周年大庆,NBA在1996年至1997年赛季的开始选出了50年来最伟大的50位球星。其中又有7位可以称得上是"里程碑式"的恒星,他们对于篮球运动的发展做出了划时代的贡献。这7位巨星分别是"篮球代名词"乔治·迈肯、"防守神话"比尔·拉塞尔、"篮球皇帝"威尔特·张伯伦、"J博士"朱利叶斯·欧文、"大鸟"拉里·伯德、"魔术师"埃尔文·约翰逊以及"飞人"迈克尔·乔丹。

　　从这些NBA超级巨星身上,我们可以看到篮球运动从一种粗糙、简单的学校体育游戏发展到今天这种精彩、完美的竞技体育的全过程。

"篮球代名词"迈肯

全名：乔治·迈肯；英文名：George Mikan；生年：1924年；卒年：2005年；身高：2.08米；体重：110公斤；毕业学校：德波罗学院；场上位置：中锋；球衣号码：99号；曾效力球队：湖人队

迈肯在高中时期曾被教练开除篮球队，因为他动作笨拙，又是高度近视，实在是"朽木不可雕"。但这却激发了这位白人小伙子的斗志，他发愤苦练，终于一鸣惊人。

迈肯在对罗德岛大学的一场比赛中，一人独得53分，超过对方全队的得分。在大学决赛阶段的比赛中，他在3场比赛中拿下120分，带领芝加哥德波罗学院夺得当年的联赛冠军。在当时的大学比赛中，因他可轻而易举地盖掉对手的投球，所以特设下一条规则：不许干扰投篮。

大学毕业后，迈肯加入国家篮球联盟的芝加哥齿轮队，当年就率队获NBA的冠军。此后，因齿轮队解散，加入明尼阿波利斯湖人队，后又随湖人队加盟NBA的前身BAA。迈肯无论走到哪里，光辉就照耀到哪里，他凭着自己的身高和全面的篮球技术，以及对比赛兢兢业业的敬业精神，使湖人队夺得从1948年至1954年（除1950年外）的NBA总冠军。迈肯也充分发挥了他在得分、抢篮板球和助攻方面的杰出才能。当时NBA为了限制他在篮上的巨大威力，特意将3秒区的宽度由1.8288米扩大为3.6576米，但这仍然无法削弱迈肯的威力，他在1949年至1952年3次成为NBA的最佳射手，1952年和1953年2次成为NBA的篮板王。

鼻梁上架着一副眼镜，身材偏瘦，然而穿着99号蓝色球衣的麦肯，却以中锋的身份出现在球场上。迈肯有着斯文的脸庞，在篮筐下，迈肯的动作也十分柔和，勾手命中率奇高，被人们喻为"温柔巨人"。同时，迈肯无限的创造力让篮球3秒区更加精彩，他带领湖人队赢得了5个联盟总冠军。一直以来，乔治·迈肯被认为是NBA50年历史上第一位真正意义上的超级巨星。

20世纪40年代后期和50年代初期，迈肯享誉篮坛，几乎成为篮球的代名词。那时观众人数最多的纽约尼克斯队主场麦迪逊花园体育馆，常常打出这样的广告——今晚篮球激战：迈肯对尼克斯。正是因为他的威力，所以对手们只能通过让他受伤的办法阻止他进攻得分，为此迈肯的左、右腿都骨折过。

1954年，伤痕累累的迈肯在事业的巅峰期宣布退休，结束了他的球员生涯。

糖尿病和肾衰竭始终困扰着迈肯，2000年迈肯就做了截肢手术，5年里迈肯坚持每周做3次肾透析，每次长达4个半小时。不愿再忍受病痛的迈肯终于在他81岁生日（2005年）来临前的18天撒手西去。

奥尼尔说："我向迈肯的家人表示哀悼，我听说他们遇到些麻烦的问题，如果他们能联系热火队办公室的话，我愿意支付这次葬礼的费用。"这位"大嘴"这一次倒不是说大话。

热火队主席帕特·莱利这样说道："坦白地说，如果没有麦肯，湖人就不会有今天。"

湖人队老板杰里·巴斯说："他是一个真正坦诚的好人，也是一位伟大的球员，他为今天的NBA奠定了基础，他是所有大个子的榜样。"

【主要荣誉】

3次获全美大学最佳球员称号，6次获NBA总冠军，3次成为NBA最佳射手，2次成为NBA篮板王，是NBA历史上第一位真正的"超级巨星"。1959年入选奈史密斯篮球名人纪念堂。

"天生球星"沃尔敦

全名：比尔·沃尔敦；英文名：Bill Walton；生年：1952年；身高：2.10米；体重：106.6公斤；毕业学校：加州大学洛杉矶分校；场上位置：中锋；球衣号码：32号；曾效力球队：开拓者队、火箭队、快船队、凯尔特人队

1952年11月5日，沃尔敦出生于加州的一个中产阶级家庭。

沃尔敦的大学时代是在著名的加州大学洛杉矶分校中度过的，当时全美最佳教练杰克·伍登4年里给沃尔敦日后参加职业联赛打下了良好的技术基础。沃尔敦连续3年都被评为美国大学最杰出球员。

大学时代，沃尔敦还是一个极有思想的人。他在貌似风马牛不相及的篮球运动和政治运动两个方面都展现出充沛的精力。他以参加边缘团体而著称，并且在大学三年级时因参加反越战集会

以及公开抨击当时的总统尼克松和FBI而遭到警方拘捕。

　　1974年，沃尔敦在NBA选秀中第一轮第一位被波特兰开拓者队选中。1977年，沃尔敦帮助该队夺得NBA的总冠军，自己也被评为总决赛最有价值球员，还创造了总决赛一场比赛抢20个防守篮板球的纪录。1978年，在总决赛中，沃尔敦面对"J博士"领军的76人队，在决定冠军归属的第六场他打出了20分、23个篮板、7次助攻外加8次封盖的准四双战绩，这也是总决赛历史上第一次有人能达到如此均衡的数据。在击败76人队之前，沃尔敦完美地防住了当时NBA最强的中锋"天钩"贾巴尔。

　　沃尔敦发挥最好的时候是20世纪70年代中期在波特兰开拓者队的3年间，人们将这时候的沃尔敦和历史上最伟大的中锋张伯伦和拉塞尔相提并论。但是，接二连三地受伤，特别是左脚连续骨折，使得沃尔敦的威力大减，也使他没能在自己的传奇经历中增添更加辉煌的篇章。在他13年的NBA生涯中，因为伤病使他在4个赛季一场比赛都没有参加过。他在常规赛季中仅打了44%的比赛，得分平均每场只有13.3分。虽然经过了许多手术，但是沃尔敦的脚伤，还是经常使他只能作壁上观。经过圣地亚哥火箭队和洛杉矶快船队的转会之后，1985年至1986年赛季他又转会，来到波士敦凯尔特人队，担任中锋帕里什和前锋麦克黑尔的替补。这种替补队员的角色使他不必每场都打30分钟，他实际每场只打19分钟左右，所以这个赛季他打了80场比赛，是他平生一个赛季中出场最多的一次。1986年夏天，他在凯尔特人队得到了自己第二个总冠军戒指。

　　在1986年至1987年的赛季中，34岁的沃尔敦只打了10场比赛，就在赛季结束之前宣布退休。退休后沃尔敦成为著名的NBA

电视评论员，成为美国最具权威的篮球评论家。

【主要荣誉】

2次获NBA总冠军，1978年获MVP（最有价值球员）奖，入选NBA最佳阵容和最佳防守阵容，是NBA最有才华的巨人之一。1993年入选奈史密斯篮球名人纪念堂。

"防守神话" 拉塞尔

全名：比尔·拉塞尔；英文名：Bill Russell；生年：1934年；身高：2.06米；体重：100公斤；毕业学校：旧金山大学；场上位置：中锋；球衣号码：6号；曾效力球队：凯尔特人队

拉塞尔是20世纪60年代波士敦凯尔特人王朝的基石，他是一位给NBA防守概念带来革命的神奇盖帽专家。一位5届MVP和12届全明星，一位总共抓下21620个篮板的硬派中锋，每场球赛平均22.5个篮板的成绩，使他获得了4次联盟篮板王。他曾经在一场比赛里抢下51个篮板，另外有两次抢下49个，而且创下连续12个赛季篮板总数1000个的成绩。

1934年2月12日，拉塞尔出生于路易斯安那州，他的家随后搬到旧金山，在那里拉塞尔进入位于奥克兰的一所高中。他在高中篮球队只是一个技术平平、没有什么闪光点的中锋，但是由于身体条件突出，还是获得旧金山大学的篮球奖学金。正是在大学里，拉塞尔的潜能开始爆发。

作为一名中锋，虽然拉塞尔身高并不出众，但他的身体素质非常出色：100米成绩10.06秒，400米成绩49秒，跳高成绩2.09米。他的爆发力惊人，轻轻松松就可摸到篮板的上沿，这些都为他成为NBA超级巨星打下了良好基础。更重要的是，在篮球名校旧金山大学就读时，拉塞尔掌握了日后改变篮球面貌的防守观念和技术。

1956年，为了参加墨尔本奥运会，拉塞尔推迟一年加入NBA，带领美国男篮在奥运会上8战全胜，平均每场净胜对手53分。加入波士顿凯尔特人队后，拉塞尔11次夺得NBA总冠军，其中8次连续夺冠，这两个纪录是后人无法超越的两座高峰。

拉塞尔在防守时总是等对手投篮出手后再起跳，然后和篮球一起上升，像扣排球似的将球打飞，或者拍向自己的前场，让队友发动快攻。他进攻时大多是抢得前场篮板球，二次补篮。他的勾手投篮可以左右开弓，令人防不胜防。1959年，他和"篮球皇帝"张伯伦在两人平生的第一次交锋中抢得35个篮板球。在和锡拉丘兹国民队的一场比赛中勇夺51个篮板球。

凯尔特人队的一位球员说："联盟有两种超级明星，一种会使自己看起来水平凌驾于其他队员。另外一种却会使自己周围的队友做得更好，拉塞尔就属于第二种。"

拉塞尔滑步进行弱侧封盖的能力是令人惊叹的，他抄截横传球或是展开大鸟一样的臂展封盖和恐吓投篮的手段更是无人能及。凯尔特人队的其他防守队员开始把他们盯防的球员逼往拉塞尔的区域，而且对中距离防守变得更加有自信，因为他们知道拉塞尔就在身后。

其他一些中锋在拉塞尔之后开始建立自己的防守体系，虽然他们可能并不具备同样的技巧，但却实实在在地改变了比赛风格。

拉塞尔用他那神话般的防守才能和盖帽技巧改变了篮球运动一个基本观念：只重视进攻，不重视防守。他的成就实践告诉人们，用出色的防守照样可以赢得冠军。1967年，拉塞尔被凯尔特人队任命为队员兼教练，成为NBA历史上第一位黑人主教练。

【主要荣誉】

1956年获奥运会篮球金牌，11次获NBA总冠军，其中包括8连冠，5次当选NBA最有价值球员，1967年成为NBA历史上第一位黑人主教练。拉塞尔是篮球历史上最伟大的防守型中锋，1974年入选奈史密斯篮球名人纪念堂。

"篮球皇帝"张伯伦

全名：威尔特·张伯伦；英文名：Wilt Chamberlain；生年：1936年；卒年：1999年；身高：2.16米；体重：113公斤；毕业学校：堪萨斯大学；场上位置：中锋；球衣号码：13号；曾效力球队：勇士队、76人队、湖人队

1955年，早已震惊全美的张伯伦宣布将为堪萨斯大学篮球队效力。不过由于当时NCAA规定大一新生不得直接参加校队，张伯伦不得不暂时委身于一年级菜鸟队的麾下。不久，刚刚赢得该季分区冠军的堪萨斯校队照例和一年级的小弟弟们进行一场切磋，

结果他们全部折倒于张伯伦的怒吼之下。

张伯伦对于其篮球臣民的主宰性之大，在整个职业体育圈内几乎称得上绝无仅有。你可以采取双人包夹、三人包夹，甚至无耻的犯规战术，总之当你采取了一切你认为可以阻挡张伯伦前进步伐的伎俩之后，通常会绝望地发现，这个怪物仍然能够随心所欲地拿分，或者摘取篮板。

历史纪录，是张伯伦最值得大书特书的传世之宝。他是唯一一个单赛季斩获4000分的NBA球员，他保持着联盟单场得分纪录（100分），连续进球纪录（18个），单场篮板纪录（55个）。而在这份骇人听闻的履历表中最让人难忘的，还是他在1961年至1962年赛季创造的场均50.4分的火星人数据。

到退役时，张伯伦的职业生涯总得分是空前的31419分，不过这个纪录后来被贾巴尔和乔丹所打破。除此之外，他还有过连续7年蝉联得分王，14个赛季中有11年折桂篮板王的伟业。

当然，最枯燥也是最恐怖的还是他的得分数据：118场得分50分，连续14场得分40分，连续65场得分30分，连续126场得分20分，新秀赛季场均37.6分；72.7%的单赛季最高命中率……值得一提的是，这些数字不仅全部是NBA历史上的最高纪录，而且和身后第二名的差距更是远得有几千光年。

为了削弱其过分强大的统治优势，联盟不得不针对张伯伦制定和修改多条规则，包括扩大3秒区、引入进攻干扰球的概念以及罚球时的一些严格判定等（修改规则前张伯伦经常在罚球时直接起跳灌篮）。

NBA史上再没有第二个人能缔造如此多的奇迹，并对这项运

动产生如此巨大而直接的影响力及制约力。

　　尽管拥有无比强悍的体魄，但张伯伦从来就不是一个举止粗暴、容易冲动的球员。一个令人惊讶的数据正可以说明这个问题：在其长达14年的职业生涯和超过1200场的职业比赛中，张伯伦从来没有被罚出场。

　　1972年至1973年赛季后，张伯伦正式退役。张伯伦退役后当了一年的教练。1984年，张伯伦出演好莱坞电影《野蛮人柯南》。在那之后，排球、网球、马拉松、水球，都是张伯伦消磨时光的好伙伴。退役很多年后，张伯伦好像一直活在镁光灯的中心。直到张伯伦五十大寿时，还有NBA球队希望请他出山，作为替补中锋每场出战15到20分钟。他还出版了好几本书，如饥似渴地研究学术，并且如愿以偿地拿到了学士学位。

　　1999年10月12日，张伯伦因病去世，享年63岁。

【主要荣誉】

　　1967年、1969年两次夺得NBA总冠军，7次成为NBA得分王，11次成为篮板王，1963年3月2日创下一场独得100分的NBA纪录，是篮球历史上第一位全才明星。1978年入选奈史密斯篮球名人纪念堂。

"精神领袖" 考恩斯

　　全名：戴夫·考恩斯；英文名：Dave Cowens；生年：1948年；身高：2.08米；体重：104公斤；毕业学校：佛罗里达州立

大学；场上位置：中锋；球衣号码：18号；曾效力球队：凯尔特人队、雄鹿队

考恩斯出生于肯塔基州的纽波特市，8岁时就表现出良好的篮球素质。

考恩斯的篮板球能力很强，他一共在3年的大学生涯中抢到1340个篮板，平均每场还能得到19分，并有51.9%的投篮命中率。凯尔特人队的主教练"红衣主教"奥尔巴赫知道考恩斯是一块当冠军的璞玉，于是在1974年的选秀中，凯尔特人队以第一轮第四位的身份将考恩斯选来。

考恩斯是一个顾全大局、毫无私心、工作刻苦而且技术全面的中锋。

考恩斯相信自己能打好篮球，并且全力以赴地在比赛中和对手竞争，这种自信和奋争使他在凯尔特人的传奇中锋比尔·拉塞尔退役之后，成功地接过了拉塞尔留下的重担，使得凯尔特人队的战绩在20世纪70年代依然十分辉煌。

考恩斯在1974年和1976年两次帮助凯尔特人队夺得总冠军，他本人也在1973年被评为NBA最有价值的选手，1976年入选NBA最佳防守阵容。1976年的总冠军，标志着凯尔特人队在20世纪70年代的鼎盛时期，这之后考恩斯和凯尔特人队一起开始下滑，直到20世纪80年代初。在新赛季开始前，凯尔特人队将一位33岁的老将交易到了掘金队，他是考恩斯非常要好的朋友，正是因为他的离开，使考恩斯失去了比赛的活力。在他刚刚28岁时，他表示已经在NBA待够了。

尽管这一次的退役非常短暂，仅仅是30场比赛，但是这之后

考恩斯再也没有回到原来顶峰时期的状态。在1978年至1979年赛季，凯尔特人队取得了开局2胜、12负的成绩后，考恩斯被任命为这支今非昔比的球队的球员兼教练。这个任务对于考恩斯来说非常艰巨，他告诉HOOP杂志："我在这之前从来没有过任何执教经历，这个担子对于我来说真的太重了。"

考恩斯在1979年至1980年赛季之后，第二次宣布退役，但是这一次仍然不是最后一次。两个赛季之后，也就是1982年至1983年赛季，当他的好朋友兼前队友唐·尼尔森邀请他为雄鹿队征战时，这位34岁的老将答应了对方的请求，回到了NBA赛场。在那个赛季之后，考恩斯第三次也是最后一次宣布退役。

考恩斯一共参加了89场季后赛，平均每场拿下18.9分和14.4个篮板。在他参加的6次全明星赛中，他平均每场得到12.7分并抢下13.5个篮板。

【主要荣誉】

2次获NBA总冠军，1973年获NBA年度MVP奖，1976年入选NBA最佳防守阵容。1990年入选奈史密斯篮球名人纪念堂。

"球队灵魂"里德

全名：威利斯·里德；英文名：Willis Reed；生年：1942年；身高：2.07米；体重：101公斤；毕业学校：关柏林州立大学；场上位置：中锋、前锋；球衣号码：19号；曾效力球队：尼克斯队

1942年6月25日，里德生于美国路易斯安那州的海口镇，在中学和大学都是篮球队的主力选手。他在大学期间每场有26.6分的进账，并且带领队友夺得全美大学生篮球联赛的冠军。

由于有了里德，已经7年没有进入总决赛的尼克斯队起死回生。仅仅经过两年的人员磨合，1966年至1967年赛季，球队重新杀回东部8强。

1970年5月8日晚7时30分，身为尼克斯队队长的里德，脚部受伤，坐在场边，显然这场比赛他不能上场了。

但是，15分钟之后，里德神奇地站了起来，走进场地，带领全队对总冠军发起最后的冲击。

在和湖人队进行的七战四胜总决赛的前4场比赛中，里德分别得到37分、29分、38分和23分，并且平均每场抢到篮板球15个。在第五场比赛中他的脚部严重受伤，虽然尼克斯队那场比赛取胜，总成绩以3比2领先，但是在第六场比赛中，湖人队大胜尼克斯队，将总比分扳成3比3平。所以，第七场成为决定生死的关键之战。

比赛开始的时候，人们看到里德一瘸一拐地走进场地，全场观众欢声雷动。这位身高2.07米的前锋竟然在起跳的时候，超过了身高2.16米的湖人队中锋张伯伦。然后他在弧顶附近投中了全场比赛的第一个球。

接着，他又在6米开外投中了第二个球。这场比赛里德没有继续得分，但是这4分已经足够了。它鼓舞了全队的士气，上半场比赛结束时，尼克斯队就已经领先湖人队29分，全场比赛结束，尼克斯队以113比99大胜对手14分，终于夺得尼克斯队历史上第一个总冠军。

里德一直是尼克斯队的灵魂、心脏和中流砥柱。他是尼克斯队1970年、1973年两次夺冠的绝对主力。他为尼克斯队征战了10年，7次入选全明星赛东部明星队。在他的第一个NBA赛季，便被评为NBA最佳新人。1969年至1970年赛季，他当选了常规赛和总决赛的双料最有价值球员。在尼克斯队两次夺得总冠军的1970年和1973年，他都得到了总决赛最有价值球员称号。

里德1970年入选NBA最佳阵容，同年入选NBA最佳防守阵容。由他率领的尼克斯队当时以防守顽强著称，里德就是这个顽强的防守体系的中坚人物。

里德受到腿部肌腱伤痛的影响，于1973年宣布退休。退休前的一个赛季，他仅打了19场比赛。1976年，尼克斯队为了表彰里德的特殊贡献，为他举行了退休仪式。

【主要荣誉】

7次入选NBA全明星队，1964年获NBA最佳新人称号，2次夺得NBA总冠军。1981年入选奈史密斯篮球名人纪念堂。

"碎骨机中锋"昂塞尔德

全名：韦斯·昂塞尔德；英文名：Wes Unseld；生年：1946年；身高：2.01米；体重：113公斤；毕业学校：路易斯维尔大学；场上位置：中锋；球衣号码：41号；曾效力球队：奇才队

昂塞尔德仿佛是由一块花岗岩雕凿而成的运动员。他有着禁欲主义者般的坚忍和克己，也有着钢铁般获胜的决心。作为一名身高只有2.01米的壮实中锋，他通过不懈的拼抢篮板，像碎骨机一般在内线挡切要位和激光制导般的传球成名。

昂塞尔德生活在路易斯维尔，高中时两次夺得全州篮球冠军。大学期间当选全美最佳阵容成员。1968年，在NBA选秀中第一轮第二位被当时的巴尔的摩子弹队选中。

自从昂塞尔德加入奇才队后，他就带领奇才队走出了从来没有胜率超过50%的低潮，并在10个赛季中，胜率都超过了50%。另外，连续12个赛季打进NBA的季后复赛圈。昂塞尔德体壮如牛，虽然身高仅2.01米，体重却达113公斤，而且连续弹跳的能力极强。当他在篮下抢篮板球时，可以和任何高大的对手进行摔跤式的对抗，将对手最终挤出有利位置。除了强壮的力量之外，他还有一双大手，可以用来抓篮板，也可以发动一次精巧的传球。尽管他跑得不快，但他动作极为迅速，这与他巨大的身躯形成对比，使他的传球更具欺骗性。

昂塞尔德默默无闻地干那些篮下的苦活儿累活儿，而且抢到球后总能以激光闪电般的速度将球传给队友。

昂塞尔德13年的NBA生涯全在奇才队中度过，作为奇才队的队长，他5次被评为全明星队员。20世纪70年代，他4次带队进入总决赛，并获1977年至1978年赛季总冠军。他本人得分和抢篮板球都超过了10000分大关，另外他留下出战840场比赛和抢篮板球13769个以及助攻3822次的奇才队最高纪录。

奇才队的总经理鲍伯·费里这样评价昂塞尔德："他的两只手

可以随心所欲地抢篮板球和传球。他有很好的预感和想象力，可以知道球的运动方向和队友的路线，总是能及时、准确地将球传给有机会的队友。他跑得不快，但是动作敏捷，加上魁梧的身材，有时对手根本想不到他会这样灵活。"

昂塞尔德球风刻苦、坚定，无论场上场下，做任何事都肯动脑子。在1981年退役之后，他随即被授予子弹队的主管人员职位。担任决策层副经理几年之后，昂塞尔德被任命为球队的主教练。在1987年至1988年赛季过了三分之一时，球队成绩是8胜、19负，奇才队的老板艾比·波林问昂塞尔德对球队的看法，昂塞尔德并没有向他描述一个乐观的前景，波林随即让他替代凯文·洛杰里担任主教练。昂塞尔德之后率球队打出了30胜、25负的成绩，在亚特兰大分区得到第二名，并且获得一个季后赛席位。可惜，在第一轮奇才队输给了底特律活塞队。

昂塞尔德做教练时并没能拥有像他那样的队员，在接下来的赛季，球队40胜、42负，无缘季后赛。接下来的4个赛季昂塞尔德带领的子弹队每况愈下，在1992年至1993年赛季滑落至22胜、60负。1993年至1994年赛季球队略有回升，获24胜、58负，但在赛季最后一场比赛以117比99战胜夏洛特黄蜂队之后，昂塞尔德退了下来。在《今日美国》上他说："我不打算说这很简单，但我做了我能做的一切。"

他的执教生涯是202胜、345负。

【主要荣誉】

5次入选NBA全明星队，1978年夺得NBA总冠军，1969年

105

获 MVP 奖和年度最佳新人奖，人称"碎骨机中锋"。1987 年入选奈史密斯篮球名人纪念堂。

"全才英雄"摩西·马龙

全名：摩西·马龙；英文名：Moses Malone；生年：1955 年；身高：2.08 米；体重：97.5 公斤；场上位置：中锋；球衣号码：2 号；曾效力球队：火箭队、76 人队、奇才队、鹰队、雄鹿队、马刺队、爵士队

摩西·马龙在高中时期就已经展现了出众的身体素质和篮球才华。全国各地的大学都竞相给他提供奖学金，但为了赚更多的钱，不让母亲再日夜操劳，摩西·马龙于 1974 年和 ABA 的犹他明星队签约。

摩西·马龙在 21 年的职业篮球生涯中，在 ABA 打了两个赛季。1976 年 ABA 被 NBA 兼并后，他又在 NBA 度过了 19 个赛季，并由此成为进入 NBA 的第一位高中选手。

摩西·马龙在 ABA 进行比赛时，年仅 19 岁。ABA 被 NBA 兼并后，摩西·马龙加入了布法罗火箭队。1982 年至 1983 赛季，转会到费城 76 人队，4 年后又转会到华盛顿子弹队打了两个赛季。1988 年至 1989 年赛季来到亚特兰大鹰队，1991 年至 1992 年赛季转会到密尔沃基雄鹿队，1993 年至 1994 年赛季二进费城 76 人队，1994 年至 1995 年赛季在圣安东尼奥马刺队打完了他最后的 NBA 赛季，此时他已 40 岁。摩西·马龙在 1979 年、1982 年、1983 年被

评为最有价值球员。1983年他帮助费城76人队获得了自己唯一的总冠军，并入选NBA最佳防守阵容，获NBA总决赛MVP奖。1979年、1982年、1983年、1985年他均被选入NBA最佳阵容。

摩西·马龙的名字在NBA的各种纪录中均有记载。在篮球运动最常统计的9项技术才能标准中，摩西·马龙有7项名列前茅。作为中锋的他在19个赛季中共投中27409分，排在贾巴尔、张伯伦之后，列第三。他的罚球命中率排名NBA第一，为8531个。抢篮板球总数为16212个，排名第五。但是其中他抢的前场篮板球（进攻篮板球）有6731个，比排名第二的选手高出2000多个，这是NBA各项技术指标中第一名和第二名之间差距最大的一个。此外，摩西·马龙还保持着另外两项NBA抢进攻篮板球的纪录：一个赛季587个前场篮板球和一场比赛21个前场篮板球。

摩西·马龙是NBA历史上争抢进攻篮板最出色的球员，他还赢得过3次MVP称号。

如果算上在ABA打的两个赛季，摩西·马龙职业生涯的数字甚至会更加可怕。21年里他得分达到29580分，列贾巴尔、张伯伦和欧文之后，居史上第四。揽下17834个篮板，仅次于张伯伦和拉塞尔，居史上第三。此外，他的罚球命中数（9018个）和罚球出手数（11864个）都是历史最高，出战场次（1455场）、出战时间（49444分钟）均居史上第三，总命中数（10277个）和总出手数（20750个）则居第九。

【主要荣誉】

1次获NBA总冠军，3次获年度MVP，4次入选NBA最佳阵

容，1次获NBA总决赛MVP奖。他是NBA历史上一名全才英雄，也是NBA第一位高中选手。1998年入选NBA历史50大球星。

"天钩"贾巴尔

全名：卡里姆·阿布杜勒·贾巴尔；英文名：Kareem Abdul Jabbar；生年：1947年；身高：2.18米；体重：121公斤；毕业学校：加州大学贝卡分校；场上位置：中锋；球衣号码：33号；曾效力球队：雄鹿队、湖人队

贾巴尔是美国篮球职业联盟NBA历史上最伟大的球员之一，他在NBA20年的征战中给后人留下了无可匹敌的纪录。贾巴尔最擅长的进攻方式为勾手投篮——"天钩"的雅号也由此被广为传诵。

贾巴尔从高中时代直到NBA时代，一直都是最为出色的中锋球员，至今他仍然保持着NBA历史得分总分第一的纪录。

贾巴尔生于纽约市黑人社区哈莱姆，原名费迪南德·刘易斯·阿尔申多。上初中时贾巴尔为了掌握勾手投篮的技术，常常一个人在没有灯光的体育馆里摸黑苦练，进出体育馆都要爬过高高的窗户。加州大学贝卡分校是美国NCAA中的篮球名校，贾巴尔进入加州大学贝卡分校后投在教练伍登门下。结果加州大学贝卡分校在1967年贾巴尔加入之后，1967年、1968年和1969年连续3年都轻松夺得美国大学篮球比赛（NCAA）的冠军，而贾巴尔本身也获得3次全美大学最佳选手称号。

贾巴尔曾经带领加州大学贝卡分校打出过88胜、2负的不可思议战绩，之后他本科毕业，离开了加州大学。哈莱姆亲善篮球队曾开出100万美元的酬劳邀请其加盟，但是贾巴尔还是拒绝了这个优厚的条件，毅然决定参加NBA。

在1969年的NBA选秀大会上，菲尼克斯太阳队与密尔沃基雄鹿队用猜硬币的方式来争夺贾巴尔，结果后者幸运地赢得了贾巴尔的加盟。加入雄鹿队第一年，贾巴尔就将雄鹿队的战绩由第一年的27胜、55负提升为56胜、26负。那时波士敦凯尔特人队的主力中锋拉塞尔已经退休，张伯伦虽然威风依旧，但是毕竟已经35岁，于是贾巴尔一出道就成为NBA中最有实力的新一代中锋。

1971年，雄鹿队通过转会从辛辛那提皇家队得到了31岁的老将罗伯特森，使得贾巴尔如虎添翼。当年雄鹿队在总决赛中以4比0横扫洛杉矶湖人队，第一次夺得NBA总冠军。在雄鹿队的6个赛季中，贾巴尔分别在1971年、1972年、1974年和1976年4次当选MVP，这是他篮球生涯中的第一个高峰期。

1975年，雄鹿队为了获得中锋埃尔莫尔·史密斯、后卫布里安·温特斯以及自由球员戴夫·梅尔斯和朱尼尔·布莱吉曼，将贾巴尔交换给洛杉矶湖人队。贾巴尔终于如愿来到读大学时就向往已久的湖人队，从此为湖人队效力14个赛季，直到退休。

1980年，贾巴尔在湖人队打到第五个赛季的时候，湖人队在选秀中以第一轮第一位的选择权得到了后来名扬天下的"魔术师"埃尔文·约翰逊。从此，天才中锋贾巴尔和天才后卫约翰逊为湖人队建立了近10年的霸主地位。

1977年和1980年贾巴尔两次当选NBA最有价值球员。1971

年到1986年，贾巴尔10次入选NBA第一阵容。1970年至1984年，贾巴尔6次入选NBA最佳防守阵容。

【主要荣誉】

　　6次获NBA总冠军，6次获年奖，6次获决赛MVP奖。1980年被选为NBA35周年纪念最佳选手之一，1995年入选奈史密斯篮球名人纪念堂。

"硬朗中锋" 瑟蒙德

　　全名：内特·瑟蒙德；英文名：Nate Thurmond；生年：1941年；身高：2.11米；毕业学校：博林格林州立大学；场上位置：中锋；球衣号码：42号；曾效力球队：骑士队、勇士队、公牛队

　　1941年7月25日，瑟蒙德生于俄亥俄州的阿克伦市。瑟蒙德在高中时就成为一名耀眼的巨星。之后，瑟蒙德来到博林格林州立大学。在他的3个大学赛季里，他平均每场贡献17.8分和17个篮板。

　　勇士队在1963年的选秀大会上以首位第三顺位选中瑟蒙德，瑟蒙德在之后的11个赛季里都为勇士队效力。

　　瑟蒙德作为张伯伦的一名弟子，完成了他的新秀赛季。勇士队在1964年季后赛中一路过关斩将进入总决赛，可惜球队在总决赛中决战5场后，输给了东部冠军波士顿凯尔特人队。随着季后赛的进行，瑟蒙德也获得了更多和张伯伦同时出现在球队前场的

机会，他在季后赛中的上场时间也从常规赛中的平均每场25.9分钟增加到平均每场34.2分钟，而且他以季后赛平均每场10分和12.3个篮板的成绩回报了球队。

也许是基于瑟蒙德在球场上越来越出色的表现，勇士队在1964年至1965年赛季中期，将领军人物张伯伦交易到费城76人队，这意味着球队将中锋的位置完全交给了瑟蒙德。

1965年2月28日，在巴尔的摩举行的一场常规赛中，瑟蒙德创造了一个至今都无人能及的纪录。他在球队对阵子弹队的比赛中，单节抢下18个篮板，打破了由拉塞尔和张伯伦共同保持的17个篮板的原纪录。瑟蒙德在这个赛季中，以1395个总篮板数，排在拉塞尔和张伯伦之后，位居联盟第三。

尽管瑟蒙德有一个给人深刻印象的赛季，但是张伯伦的离开对于勇士队来说影响仍然是巨大的。此时，瑟蒙德已经锻炼成为一位发挥稳定的球星。他的篮板球排名仅仅排在张伯伦的21.1个之后，名列第二。

在1973年至1974年的赛季中，瑟蒙德的平均得分下降到每场13分，不过他的平均每场篮板数仍然达到了14.2个。但是，因为勇士队希望在中锋的位置上获得一些新鲜血液，由年轻球员来担当，所以在赛季结束后球队将瑟蒙德交易到了芝加哥公牛队，这也标志着瑟蒙德在旧金山勇士队美妙的11年篮球生涯宣告结束。在他为勇士队打球的那些日子里，他成为俱乐部历史上出场次数最多、总篮板球最多和上场时间最多的队员。他曾经两次打进NBA总决赛，但是都与总冠军失之交臂。

在1974年至1975年赛季的第一场比赛中，瑟蒙德带给公牛队

所需的一切，还有一些其他的东西。那一天是 1974 年 10 月 8 日，公牛队对阵亚特兰大鹰队，瑟蒙德全场共得到了 22 分，抢下 14 个篮板，送出 13 次助攻，外加 12 次盖帽。这也是 NBA 历史上第一位获得四双的球员，在以后的日子里也仅仅有其他 3 个人得到过四双。

瑟蒙德在赛季剩下的比赛中并没能像第一场比赛表现得那么好，不过他的助攻次数却创造了个人最高纪录。

在瑟蒙德的第十四个也是最后一个 NBA 赛季里，他的结局并不能说很圆满。赛季结束后，瑟蒙德在家乡球迷对他充满感激的掌声和欢呼声中宣布退役，克里夫兰骑士队和金州勇士队都为他的球衣号码举行了退役仪式。

退役之后，瑟蒙德定居于旧金山，在那里他开了一家属于自己的餐馆，并成为勇士队管理社区篮球的一名工作人员。

【主要荣誉】

7 次入选 NBA 全明星阵容，保持 NBA 一节比赛抢 18 个篮板球的纪录。在 14 年的征战中，他平均每场得 15 分和抢 15 个篮板球，是整个 NBA 历史上得分和篮板球之间平均比例最高的球星。1984 年入选奈史密斯篮球名人纪念堂。

"跳投之父" 阿里金

全名：保罗·阿里金；英文名：Paul Arizin；生年：1941 年；卒年：2006 年；身高：1.94 米；毕业学校：维兰诺瓦大学；场上

位置：前锋；球衣号码：11号；曾效力球队：勇士队

2006年底，费城失去了两位城市英雄。一个是被交易的艾弗森，另一位是素有"基石保罗"之称的阿里金。12月14日，他在家中因哮喘病去世，享年65岁。

在那个篮球远不如棒球和橄榄球受欢迎的年代，在联盟成立的早年，保罗·阿里金，他的名字属于篮球先驱的行列。他最突出的贡献，莫过于他是第一个使用跳投技术的人，江湖人称"跳投之父"。保罗·阿里金，对于大多数现代的篮球观众和运动员来说，是一个非常陌生的名字，但他却是篮球史上特别是NBA历史上的一个重要人物。他属于篮球先驱的行列。当早期的篮球运动员多数还用双手投篮的时候，阿里金的一些篮球技术已经显现出现代篮球技术的雏形和发展趋势。

1928年4月9日，阿里金出生于费城南部地区。早在学生时代，他就表现出对篮球的极大兴趣。在拉萨尔附属高中就读时，阿里金并没有一个好的开始，他想不明白为何教练总是认为他不够资格加入校队。在遭到极度鄙视后，阿里金开始有些失落，因此在几场篮球比赛中发挥很差，最终被校队除名。但坚强的阿里金没有放弃，他开始参加一些业余比赛。

说起跳投，完全是阿里金的一次"意外收获"。当阿里金上大学的时候，费城当时的篮球运动十分兴旺。而像阿里金这样杰出的球员有时要为六七家球队打球，有时一晚上要打两场。当时没有专门的篮球比赛馆，多在一些舞厅和礼堂进行。阿里金有一次在舞厅比赛，场地非常滑，老站不稳。

"后来我索性就跳起来，让双脚离开地面，这样就不必担心脚下打滑。我跳的次数越多，投篮就越来越准，后来就在训练的时候，每次投篮都用跳投。"阿里金这样回忆当年的情景。

　　阿里金1946年进入维兰诺瓦大学学习化学，1949年至1950年赛季，被评为全美大学最佳球员。1950年，加入勇士队。当时NBA球员进攻节奏缓慢，队员多是两脚站立，双手胸前投篮，阿里金的跳起投篮因此被誉为费城勇士队的"新式武器"。第二年，阿里金便以平均每场得25.44分的战绩夺得NBA得分王称号。

　　阿里金的跳投技术，当时很少有人掌握，而他本人可以很自如地控制球，可以在跳起时有一定的滞空时间。另外，他还是一个非常难得的防守专家，因此大家给了他一个"能干的保罗"的外号。在当时比赛普遍得分较低的情况下，阿里金连续9个赛季保持了超过20分的平均得分，这在20世纪50年代是一个了不起的成绩。而在勇士队的10年间，阿里金年年入选全明星队，同时赢得两次得分王，一个总冠军，4次入选NBA最佳阵容。他和乔治·迈肯、鲍勃·库锡等一批球星一起使得篮球的观赏性提高，成为体育场中最年轻的项目，他们成为向美国橄榄球和棒球争夺观众的主要号召力球员。1970年，阿里金入选NBA25周年纪念最佳阵容。

　　也许我们可以这样说，阿里金就是迈克尔·乔丹最早的原型……至少在那个很少有人在赛季平均得分能超过20分的年代里，阿里金能做得到。在为勇士队效力的10年里，他每年都入选全明星阵容，并两次摘下"得分王"桂冠，一次赢得总冠军戒指。他不仅仅是一个神话，更是费城的忠臣，球迷眼中的英雄。

【主要荣誉】

1次获NBA总冠军，3次入选NBA最佳阵容，2次夺得NBA得分王称号，10次入选全明星队。保罗·阿里金是篮球的先驱，是"原始版"的"飞人乔丹"。

"完美主义者"巴里

全名：里克·巴里；英文名：Rick Barry；生年：1944年；身高：1.98米；体重：99.8公斤；毕业学校：迈阿密大学；场上位置：前锋；球衣号码：24号；曾效力球队：火箭队、勇士队

1944年3月28日，巴里出生在新泽西的伊丽莎白城。巴里从小就和篮球为伴，高中毕业后，得到了迈阿密大学的篮球奖学金。

在1964年至1965年赛季，大学三年级的巴里以平均每场得分37.4分成为全美大学NCAA联赛甲级队的得分王。1965年，他在NBA选秀大会上被勇士队在第一轮选中。1975年，他以平均每场30.6分的战绩带领勇士队击败华盛顿子弹队，夺得NBA总冠军。这也是勇士队西迁后的第一个总冠军。

巴里以他锐利的得分和场上领袖作用被评为总决赛最有价值球员。巴里是一个比较全面的前锋，在NBA打过10个赛季，在ABA打过4个赛季。

1980年退役时，他的总得分排名NBA第十五位，如果加上他ABA的得分那么可在NBA排第六位，他以1104次抢断排名当时NBA第十位。他的罚球是用过了时的"端尿盆"或双手投篮，但

是命中率却高达90%，为NBA当时之最。在1978年至1979年赛季，他有169次罚球，只有9个未中，命中率高达94.7%。

巴里12次参加全明星赛，其中在1967年以38分的杰作当选全明星赛最有价值球员。巴里在进攻中总是充满激情地一往无前，有一种永无止境的求胜欲望。他在比赛中是一个全力以赴的完美主义者，有时对己对人都近乎苛求。

在旧金山待了两个赛季之后，巴里遭遇挫折，1967年至1968年赛季，由于NBA和ABA之间的第一宗跳槽官司，巴里一个赛季没有打球。事情的起因源于巴里的岳父也就是他的大学教练黑勒，当时在ABA的奥克兰橡树队任主教练。1967年，在ABA成立的第一个赛季，老丈人鼓动女婿从勇士队跳槽来到了橡树队，NBA追踪告状，法院一时难以判决，结果巴里在ABA的第一个赛季只能坐在场边给老丈人当观众。

这一次联盟间的跳槽给巴里在社会舆论上带来了很多负面影响，有球迷指责他贪图金钱。但据巴里本人说，跳槽与钱无关，勇士队也开出了一样的酬金，只是岳父大人的因素他才跳槽。但是，第二年巴里终于可以名正言顺地在ABA打球的时候，他的老丈人却被橡树队解雇了。再过了些时间，问题终于解决，巴里还是回到ABA中并效力于纽约网队。

1972年至1973年赛季，巴里重返NBA的勇士队，并在勇士队打了6年球。

1978年合约满后，巴里来到火箭队，由于当时的火箭有摩西·马龙、凯尔文·墨菲和鲁迪·汤米扬诺维奇诸多得分手，他的角色逐渐转向传球助攻手。

1979年至1980年赛季之后，巴里宣布退役，成了一名解说员，一度与拉塞尔一起组成了非常固执己见的解说二人组。

【主要荣誉】

1次获NBA总冠军，1次获全明星赛MVP，1次获总决赛MVP，5次入选NBA最佳阵容，4次入选ABA最佳阵容。他是唯一一名在大学联赛（NCAA）、NBA和ABA都当过得分王的篮球明星。1986年入选奈史密斯篮球名人纪念堂。

"神投手" 贝勒

全名：埃尔金·贝勒；英文名：Elgin Baylor；生年：1934年；身高：1.95米；体重：102公斤；场上位置：前锋；球衣号码：22号；曾效力球队：湖人队

如果埃尔金·贝勒晚25年出生，那么他的那些出神入化的精彩动作就有可能被摄像机记录下来。可惜的是，贝勒的精彩表演出现在电视广泛普及之前，贝勒曾经的神勇也就仅仅只能成为人们口中的传说，后来者再也难以目睹。

1934年9月16日，贝勒出生于华盛顿特区，并且以他父亲最喜欢的手表品牌命名。他是一个高中的体育明星，但是他的学习成绩却不是很出色，因此他还不得不辍学一段时间在一个家具店工作，并且在当地的一个娱乐性联盟里打球。

因为贝勒的学习成绩不过关，所以一直没有进入大学，一直到他的一个朋友为他在爱德华大学安排了一份奖学金，让他为学

顶级篮球联赛美职篮

校打篮球和橄榄球。一年之后，学校解雇了篮球队的主教练，并且提高了奖学金的要求。西雅图的一个汽车商人在西雅图大学里看中了贝勒，所以贝勒休学一年后，参加了一个娱乐性的球队，并且借此在西雅图打出了自己的名气。

1958年，贝勒成为NBA的"状元秀"，被洛杉矶湖人队挑中，此后，贝勒在湖人队度过了14年的NBA风雨征程。从1958年到1972年，贝勒共在NBA赛场出战846场，总得分达到23149分，平均每场比赛得到27.4分。1961年至1962年赛季，贝勒的场均得分高达38.3分。

更令人不可思议的是，身材并不高的贝勒至今保持着湖人队抢篮板球的最高纪录：14个赛季中他共抢了11463个篮板球。就连后来在湖人队打了14个赛季的著名中锋"天钩"贾巴尔也没超过。

贝勒在场上的跑动线路和跑动方式出神入化，赏心悦目。他在篮下的动作既体现了力量，又表现了优雅，展示出后来被"飞人"乔丹和"魔术师"约翰逊推向极致的一些现代篮球的精华的动作。比如他有很强的滞空能力，可以在跳起后做出两三个动作。

有人这样评价贝勒："他可以在任何角度把球投进篮筐，而且投出的球总是高速旋转着。他的力量很强，可以在篮下和拉塞尔一打一，也可以像'魔术师'约翰逊一样传球，还可以和NBA中任何一位后卫比试运球的功夫。"

从1960年至1961年赛季到1962年至1963年赛季，贝勒成为NBA历史上第一个在常规赛中4项技术指标都进入前5名的球星，4项技术指标分别为：得分34分，抢篮板球14.3个，助攻4.8次和

罚球命中率83.7%。

令贝勒遗憾的是，他的整个职业生涯正好与20世纪五六十年代的凯尔特人王朝并列，这让他一次次与NBA总冠军失之交臂。

1972年，37岁的贝勒不得不因伤退役。退役一年后，湖人队便夺得了搬到洛杉矶的第一个总冠军。

在贝勒的职业生涯结束不久，他就尝试开始成为一名教练。在1974年至1975赛季，他被雇用为爵士队的助理教练。在1976年至1977年赛季中期，他成为球队的主教练。1986年4月，贝勒被任命为洛杉矶快船队的篮球执行副主席。

【主要荣誉】

10次入选NBA最佳阵容，1959年获全明星赛MVP称号。他是篮球史上最让人赏心悦目的神投手之一，是一个既会跑又会投的典范。1976年入选奈史密斯篮球名人纪念堂，1980年当选为NBA35周年最佳球星。

"J博士"欧文

全名：朱利叶斯·欧文；英文名：Julius Erving；生年：1950年；身高：2.01米；体重：95.2公斤；毕业学校：马萨诸塞大学；场上位置：前锋；球衣号码：6号；曾效力球队：76人队

朱利叶斯·欧文，这个伟大和神奇的"J博士"，是他那个时代最有统治力的球员，他是一个革新者，他改变了比赛的方式。

这个篮球天才是 NBA 历史上第一位"飞人"，他将滞空动作带入了 NBA，开创了艺术篮球的先河。他是第一批把即兴的个人表演熔铸为比赛不可或缺的一部分的明星之一，确立的这种表演风格一直盛行至今。

在欧文的 5 个 ABA 赛季里，获得过 3 次得分王，3 次最有价值球员奖，2 次联盟冠军。在他的 11 年 NBA 生涯中，每个赛季都入选全明星阵容，还是 1981 年 NBA 最有价值球员，5 次入选 NBA 最佳阵容。他在 ABA 和 NBA 共得了 30026 分，在职业篮球比赛历史上，只有贾巴尔、张伯伦、卡尔·马龙和乔丹得过比他多的分数。

欧文于 1950 年 2 月 22 日生于纽约罗斯福区。尽管他的昵称来源不是很确定，但最常见的一个故事是说这个绰号来自高中时的一个朋友，当时因为欧文称他是"教授"，他反过来嘲笑欧文是"博士"。这个称谓流传下来，并被用来描述欧文在球场上打球的方式。

欧文早在大学读书的时候便以能单手随意控制球而闻名。每当他所在的大学比赛的时候，观众们便早早地入场占座，争先目睹这位篮球才子的表演。大学期间，欧文每场比赛都能有 20 分和 20 个篮板球以上的作为，这样的球星在美国篮球历史上仅有 6 人。

欧文的职业篮球生涯充满了坎坷。从 1971 年到 1976 年，欧文先在 ABA 打了 5 个赛季，特别是在第一个赛季打完后，他所在的弗吉尼亚法官队竟然因为濒于破产而付不起他的薪金。1974 年和 1976 年，欧文带领纽约网队两次夺得 ABA 的冠军。1976 年，欧文转往 NBA 的费城 76 人队，1983 年，率队夺得 NBA 冠军。欧文 5 次入选最佳阵容，并获得 1981 年的 MVP 奖。

欧文是第一个"在篮筐上面打球"的巨星，从乔丹身上我们可以看见许多当年欧文的影子。欧文是目前NBA仅有的3名得分超过3万分大关的队员之一。

欧文在37岁时退役，在他的ABA和NBA职业生涯里他得了超过30000分。他在11个NBA赛季里，在费城76人队场均得22分；在5个ABA赛季里，在弗吉尼亚侍从队和网队场均得28.7分、12.1篮板、4.8个助攻。

退役之后，欧文成功地做起了生意和篮球运营事务。他的投资有：在费城有一个可口可乐装罐厂，在纽约和新泽西都有有线电视台。在为NBC（自1993年开始直播NBA）做室内评论员之后，于1997年6月4日成为奥兰多魔术队的RDV体育副总裁和球队运营总裁。

欧文还担任了NBA在全世界的代言人，并且经常在电视台分析比赛的录像和技术。

【主要荣誉】

1次获总冠军，5次入选NBA最佳阵容，1次获MVP奖。1993年入选奈史密斯篮球名人纪念堂，1980年入选NBA35周年纪念最佳阵容。

"大D"德布斯切尔

全名：戴夫·德布斯切尔；英文名：Dave Debusschere；生年：1940年；卒年：2003年；身高：2.00米；体重：106公

斤；毕业学校：底特律大学；场上位置：后卫/前锋；球衣号码：22号；曾效力球队：活塞队、尼克斯队

因为戴夫·德布斯切尔的两节名字中都是以D开头的，所以球迷把他称为"Big D"（大D）。D字在美国的篮球场上也是"Defence"（防守）的代名词。

德布斯切尔个性坚强，是篮球运动有史以来最好的防守队员之一。在NBA最佳防守阵容设立的前6年中，他每年都入选这一最重要的防守组合之中。另外，这位NBA明星还有一段成绩不错的职业棒球生涯。

德布斯切尔身高只有2米，而且不是力量过人的壮汉。但是这样一个普通的队员却选择了NBA球场上最为辛苦的防守，特别是在他打球的那个时代里，防守还没有像今天这样受到重视。准确地说，德布斯切尔是NBA的"蓝领"球星。

德布斯切尔出生于底特律，"Big D"也是底特律活塞队的代名词。德布斯切尔是底特律土生土长的"城市英雄"。他是一个棒球和篮球的两栖明星，曾为奥斯丁凯尔特人高中篮球队夺得全州冠军；带领该校的棒球队获得全市的棒球冠军和全州少年棒球锦标赛冠军。虽然全国有众多的一流大学要他加盟，但是他还是选择了家乡的底特律大学。

底特律大学虽然没有因为德布斯切尔而成为篮球和棒球的全国冠军，但该校却因为拥有这样一位两栖明星而声名远扬。

1962年，德布斯切尔面临在深爱的篮球和棒球间作出艰难选择的问题。在20世纪60年代初，当时的篮球虽然很受欢迎，但吸

引人的程度还不及棒球联赛。他作出了一个令人吃惊的选择——同时参加两项联赛。他先和芝加哥白袜棒球队签了一份价值75000美元的合同，又和底特律活塞篮球队签了一份15000美元的合同，开始了棒球和篮球的双重职业生涯。

精力旺盛的德布斯切尔在棒球队担当投手，经常能投出刁钻而快速的球，而他的NBA生涯也渐入佳境，在进入联盟的第一年，他每场就能拿下12.7分，并入选NBA当年的最佳新秀阵容。作为一个大个子，他的运球相当不错，甚至有时候教练把他当后卫来用。

德布斯切尔加入NBA第一年便带领球队打入季后赛，但是此后球队境况不太好。这位24岁的前锋在1964年便兼任了底特律活塞队的主教练职务，成为NBA最年轻的主教练，他还是活塞队的主力队员之一。

1969年，活塞队将德布斯切尔交换到了尼克斯队。1970年和1973年，德布斯切尔带领尼克斯队连续两次夺得NBA的总冠军。第二次夺得冠军之后他便正式退役。退役后活塞队邀请他回去担任主教练，但是这位两栖明星对教练工作并没有太大的兴趣："我那么年轻的时候做过球队的主教练，而且这是一个令人愉快的回忆，但是我现在决不当主教练。"

经过一年的休整，德布斯切尔应邀担任ABA联赛中新泽西网队的主教练。1974年，他担任了新泽西网队的副主席和经理。第二年，他被聘为ABA的总裁。在任期间，德布斯切尔完成了ABA和NBA的合并，为NBA有今天的繁荣景象奠定了基石。

2003年5月14日，德布斯切尔因心脏病突发在纽约逝世，享

年62岁。

【主要荣誉】

2次获NBA冠军，6次入选防守第一阵容，8次全明星经历。1975年做ABA联盟总裁，在任期间，完成了ABA和NBA的合并，为NBA的繁荣奠定了基础。1983年入选奈史密斯篮球名人纪念堂。

"人类电机"哈夫利切克

全名：约翰·哈夫利切克；英文名：John Havlicek；生年：1940年；身高：1.95米；体重：93公斤；毕业学校：俄亥俄州立大学；场上位置：后卫；球衣号码：17号；曾效力球队：凯尔特人队

哈夫利切克是凯尔特人队的两朝重臣。8连冠的20世纪60年代，他是球队的替补精英。到了70年代，他成为当时年轻的凯尔特人队队长，在1974年和1976年两次夺冠。

哈夫利切克在长达16年的NBA生涯里呈上了华丽的数据：1270场常规赛，共得26395分，平均每场20.8分，他的总得分排名凯尔特人队历史上的第一位，在整个联盟也是翘楚。此外，他还有8007个篮板和6114次助攻，冠军戒指8枚，连续13年入选全明星，11次入选NBA第一或第二阵容，8次入选第一或第二防守阵容。

哈夫利切克1940年4月8日出生于俄亥俄州的一个小城，身边居民多是煤矿工人和钢铁厂工人。读高中时，哈夫利切克是篮球、棒球、橄榄球三栖明星，入选过3项运动的州最佳阵容。后来哈夫利切克选择了俄亥俄州立大学，但没有参加橄榄球队。他的棒球击打率达到40%，但这没有使他放弃篮球。哈夫利切克在3年校队生涯中平均每场得14.6分，入选全美最佳阵容。

大学毕业后，哈夫利切克同时被两个职业联盟选中。最终，哈夫利切克转向了在第一轮最后一位挑选他的凯尔特人队。据教练"红衣主教"奥尔巴赫的回忆，他起初对哈夫利切克的期望一般。

1962年，哈夫利切克正式加盟时，凯尔特人已经得到4连冠。队中虽然精英云集，但库锡、沙尔曼和罗斯卡托夫等人已经接近职业生涯终点。哈夫利切克的朝气和硬朗给这支老迈的球队注入了一支强心剂。哈夫利切克显示出了积极的拼抢和顽强的防守，入选1962年至1963年赛季新秀最佳阵容，但他没有获得所有人的青睐。据《体育画报》杂志说，鲍勃·库锡评论哈夫利切克是一个"会自己累死自己的差劲儿射手"。20世纪60年代，哈夫利切克证明库锡看错了他。这位"差劲儿射手"成了进攻利器，每场都能承担18分至21分。哈夫利切克能从各个角度进行远距离投篮，跑动中出手特别准确。1968年全明星赛，他22分钟拿下26分，展示了非凡的得分才华。他还提高了运球技术，使自己在后卫位置同样出色。

库锡的另一个预测"自己累死自己"也失败了。哈夫利切克像他传记的题目《不停奔跑之男》一样，继续摧毁着对手的体力。

有人曾经估测过，哈夫利切克一场比赛要跑上3.5英里。

哈夫利切克还有8007次抢篮板球和6114次助攻的纪录。哈夫利切克篮球生涯中最让人难忘的瞬间发生在1965年4月15日，拉塞尔和张伯伦各率领自己的球队打入总决赛，前6场比赛双方战成3比3。在生死攸关的第七场比赛中，凯尔特人队在比赛还剩5秒钟的时候领先76人队1分。经验老到的拉塞尔在底线发球，但用力过大，球没被队友握住，反而落到了对方后卫格瑞尔的手里。格瑞尔接球往篮下的张伯伦手中传去，在这千钧一发之际，球在离开格瑞尔手指尖的刹那，哈夫利切克如闪电般将球断掉并迅速运到前场。这记断球，使凯尔特人队第七次蝉联NBA总冠军。

1978年，哈夫利切克退役。1980年，NBA将他评为联赛创立35年以来最佳球星之一。

【主要荣誉】

8次获NBA总冠军，连续4次入选NBA最佳阵容，13次当选NBA全明星。赛场上哈夫利切克是一个永远使不完力气的"人类电机"，又是一个出色的得分手、控制球专家和防守专家。

"铁人"海耶斯

全名：埃尔文·海耶斯；英文名：Elvin Hayes；生年：1945年；身高：1.95米；体重：93公斤；毕业学校：休斯敦大学；场上位置：前锋；球衣号码：11号；曾效力球队：火箭队、奇才队

海耶斯身高2.06米，是NBA历史上最有天赋的大前锋之一。他以篮球下的各种转身跳投闻名，同时他的攻击性防守让对手大伤脑筋。在NBA的各种纪录中，他的名字随处可见。他的篮下假动作和转身有点儿像火箭队的著名中锋奥拉朱旺和爵士队大前锋卡尔·马龙的结合体。在他16年的NBA生涯中，他打了1303场比赛，累计50 000分钟。仅有9场比赛没有出场，堪称整个20世纪70年代的NBA"铁人"。

海耶斯身体强壮，但并不是死打硬拼。他的转身跳投及转身后撤步过人令对手防不胜防。他的总得分为27 313分，排在整个NBA得分史上的第四位。他抢的篮板总数为16 279个，也排在总排名的第四位。1968年至1969年赛季，他被圣地亚哥火箭队在第一轮第一位选中，3年以后火箭队将他转会到奇才队。1981年至1982年赛季，他又转会来到休斯敦火箭队，并于1984年从火箭队退休。

1978年，海耶斯带领奇才队夺得NBA的总冠军，这也是他一生唯一的总冠军。1979年，他随着奇才队曾来华访问，许多老一代的中国球迷一定还记得他在抢到篮板球后转体180度，直接在空中将球传到前场、发动快攻的镜头。

1945年11月17日，海耶斯出生于路易斯安那州的一个只有5000人的小镇瑞维勒。这里除了盛产棉花之外，还有对黑人由来已久、俯拾皆是的种族歧视。他的父亲从小就告诫他要自尊自强，不要让任何人骑在头上，不要向任何人屈服。

1968年1月20日，是海耶斯生命中极其特殊的一个纪念日，这一天他率领的美洲狮队在主场迎战熊队。熊队是NCAA锦标赛

的卫冕冠军，当时战绩为不可思议的47连胜，排名全美第一；美洲狮队则是15连胜，排名全美第二。因为这场火星撞地球的对抗，到场观众高达52 693人，也是美国大学校史上第一场被全国转播的比赛——媒体称之为"世纪之战"。当时熊队主力是全国闻名的奥辛道尔（即后来的"天钩"贾巴尔），结果双方的比赛还有28秒的时候打成69平。海耶斯两次准确的罚球使得熊队连胜47场的辉煌战绩成为历史。海耶斯得了35分和15个篮板球，而2.18米的奥辛道尔只得到15分和12个篮板球。海耶斯因为这一年平均每场36.8分的攻击力，被评为全国最佳大学选手。

1968年秋，海耶斯以新人状元的身份加入圣地亚哥火箭队。当年他便以28.4分的平均得分成为NBA得分王，他还创造了3695分钟、平均每场45.1分钟的NBA新人上场时间最高纪录，并且以东部主力中锋的身份参加了1969年的NBA全明星赛。

1983年至1984年赛季末，39岁的海耶斯宣布退役，结束其长达16年的NBA职业生涯。

【主要荣誉】

1次获NBA冠军，是NBA历史上最有天赋的大前锋之一。1989年入选奈史密斯篮球名人纪念堂。

"超级篮板手"卢卡斯

全名：杰里·卢卡斯；英文名：Jerry Lucas；生年：1940年；身高：2.05米；体重：104公斤；毕业学校：俄亥俄州立大

学；场上位置：前锋；球衣号码：11号、32号；曾效力球队：国王队、武士队、尼克斯队

卢卡斯在其职业生涯中一共抢下12 942个篮板，场均15.6个篮板的数据在NBA历史上仅次于张伯伦、拉塞尔和佩蒂特，高居第四位。

1940年3月30日，卢卡斯生于俄亥俄州。他说话非常温和，行为举止也相当绅士，在很小的时候就已经展现出不同寻常的篮球天赋。

在卢卡斯的11个NBA赛季中，先后在国王队（当时叫辛辛那提皇家队）、武士队和尼克斯队3支球队效力。1964年，在对著名的费城76人队比赛中，一人独抢40个篮板球，是NBA历史上唯一抢到40个篮板球的前锋选手。卢卡斯和"篮球皇帝"张伯伦是当时仅有的两位抢篮板球巨星，他们在不止一个赛季中，抢到20个以上的篮板球。

在NBA征战了10年后，1973年卢卡斯才随纽约尼克斯队获得了一枚NBA总冠军戒指。卢卡斯对胜利似乎有一种天生的极为少见的本能，不管是高中、大学还是职业联赛，几乎在每一个级别的赛事中他都获得过冠军。

在俄亥俄州立大学时，卢卡斯开始打中锋。在卢卡斯效力期间，这支传奇一般的球队总战绩为78胜、6负，在1960年赢得了NCAA全国总冠军，卢卡斯本人在1961年和1962年两次当选NCAA年度最佳球员。

1962年，国王队宣布使用"地域新秀选择权"，征召卢卡斯入队。但是当时卢卡斯已经与ABA联盟的克里夫兰凤笛队签约，所

以直到他与风笛队的合约到期后，才在1963年至1964年赛季开始时加入辛辛那提皇家队。

卢卡斯没有让国王队的球迷失望，进军职业篮坛改打前锋后，卢卡斯在自己的新秀赛季场均抢下17.4个篮板，赛季结束后总篮板数仅次于两大怪兽拉塞尔和张伯伦。卢卡斯同时场均拿下17.7分，52.7%的投篮命中率更是高居全联盟之首。他当之无愧地入选1964年全明星赛首发阵容，并且在赛季结束的时候赢得最佳新秀的奖项。

接下来一个赛季卢卡斯的表现更为全面，他场均拿下21.4分、20个篮板——NBA历史上仅有的3名赛季平均可以达到双20的球员之一。在1965年全明星赛中，卢卡斯砍下25分、10个篮板，率领东区以124比123险胜西区，他本人也赢得了当年全明星赛MVP，他还入选这一年的NBA第一阵容。

1973年至1974年赛季结束后，卢卡斯正式宣布退役，当时卢卡斯34岁，并且还有两年合同在身。退役以后，卢卡斯开始了自己在商界的新旅程。

卢卡斯一生都对一些记忆游戏以及传统魔术非常感兴趣。还是孩童的时候，他就自己发明了一套通过字母排列挑战记忆力的游戏，可以说卢卡斯以后在俄亥俄州立大学的学业因此受益匪浅（卢卡斯系俄亥俄州立大学数学系毕业）。

20世纪70年代初，卢卡斯在一次电视直播中向全国观众展示了自己无与伦比的记忆力，当时他记下了整个曼哈敦地区电话簿前500页所有的电话号码。退役之后，卢卡斯与人合著了一本关于记忆的书籍，这本书印数高达200万册。

20世纪80年代后期，卢卡斯建立了一个教育性质的企业，出版一些面向孩子的关于记忆和学习的材料。卢卡斯一共写了30多本关于记忆学方面的著作，其中包括被《纽约时报》连续50周列为最畅销书榜第二位的《记忆教材》。

【主要荣誉】

1960年获奥运会冠军，1973年获NBA总冠军，3次入选NBA最佳阵容，7次入选NBA全明星队。他是美国篮球史上仅有的3位在高中、大学、奥运会和职业联赛上均获得冠军称号的选手之一。1979年入选奈史密斯篮球名人纪念堂。

"二次进攻鼻祖"佩蒂特

全名：鲍勃·佩蒂特；英文名：Bob Pettit；生年：1932年；身高：2.06米；体重：91公斤；毕业学校：路易斯安那州立大学；场上位置：前锋；球衣号码：9号；曾效力球队：鹰队

2007年，美国权威体育杂志《体育画报》评选出NBA历史最佳阵容。这份最佳阵容名单里甚至没有科比、张伯伦，因为在《体育画报》专家们的眼里，总冠军次数首先是一个决定性因素，其次，最优秀的球员总是在季后赛扮演着统治者的角色。这就是乔丹、拉塞尔、奥尼尔、邓肯能够脱颖而出的原因。而在这份12人的阵容名单中，佩蒂特却占有一席之地。对于佩蒂特，拉塞尔的评价是："他是二次进攻的鼻祖。"

1965年，佩蒂特退役，其时，他的总得分高居联盟历史第一位，总篮板数也高居第二位，而这些仅仅是他在NBA效力的短短11个赛季内完成的。这一年，佩蒂特仅仅32岁。佩蒂特是NBA历史上第一个得分超过20 000分的球员，而且在1960年至1961年赛季，他打出了场均27.9分、20.3个篮板的魔鬼数据，成为继张伯伦后第二个赛季场均"20+20"超级大两双的人物。他还有连续10个赛季入选NBA第一阵容的荣誉，最终出现在真正最伟大的前锋那短短的名单上。

　　当时的NBA还没有对进攻篮板的统计，但与佩蒂特同时代的人却深深地记得他"二次进攻"的威力。

　　佩蒂特和拉塞尔联手……现在看来这是一个假命题，而51年前，NBA历史上最伟大的球员中的这两位曾经有过改变NBA历史的机会。1954年至1955年赛季，湖人王朝的巨人迈肯退役，NBA迎来一个新时代。此时，佩蒂特在路易斯安那大学毕业后进入了联盟，成为鹰队的一员。

　　佩蒂特当时身高2.06米，体重却仅有91公斤，但真金不怕火炼，佩蒂特在鹰队迅速找到自己的位置。围绕佩蒂特建立一支总冠军球队，成为鹰队迫在眉睫的问题，因此鹰队作出了历史上第一个最愚蠢的交易。鹰队用首轮第二选秀权同"红衣主教"奥尔巴赫交易，换取了凯尔特人队的得分手麦考利和哈甘。失去两位悍将，凯尔特人依然还有库锡和沙尔曼，而鹰队失去的则是拉塞尔。

　　1956年至1957年的总决赛，新秀拉塞尔和凯尔特人队6号新秀海因索恩在第七场的发挥只能用"神奇"来形容，拉塞尔砍下

19分、32个篮板，海因索恩则贡献了37分、23个篮板。佩蒂特率领鹰队苦苦支撑，经过两个加时的鏖战，贡献了39分、19个篮板，但鹰队最终以123比125遗憾告负。拉塞尔的伟大毋庸置疑，后来帮凯尔特人队拿下11个冠军，而佩蒂特失去了这样一次同拉塞尔改写历史进程的机会。

历史毕竟不是假设，但伟大的英雄也总有改变历史的方式。佩蒂特率领的鹰队在1957年功败垂成后，1958年卷土重来，凯尔特人队和鹰队连续两年在总决赛相遇，佩蒂特与带着向老东家复仇的哈甘、麦考利向奥尔巴赫与拉塞尔发起了挑战。

鹰队在常规赛中取得了41胜、31负的战绩，凯尔特人队则取得了49胜、23负的战绩，不过在佩蒂特眼里，在季后赛，这些常规赛的荣誉等于零。面对库锡、沙尔曼、海因索恩和拉塞尔这群怪物，在两队前4场平分秋色后，佩蒂特率领鹰队拿到了冠军。拉塞尔和海因索恩偿还了他们上年的债务。佩蒂特砍下50分，将奥布赖恩杯卷入怀中。也许当时佩蒂特不知道他中断的是一个史上空前的王朝，如果不是鹰队的这个冠军，凯尔特人队到1966年完成的将是10连冠。

【主要荣誉】

11次入选NBA全明星队，2次获MVP奖，1次获NBA总冠军。1970年入选奈史密斯篮球名人纪念堂，1970年入选NBA25周年最伟大的球星行列，1980年入选NBA35周年伟大球星行列。

"适应型球星" 谢伊斯

全名：多尔夫·谢伊斯；英文名：Dolph Schayes；生年：1928年；身高：2.03米；体重：99.8公斤；毕业学校：纽约大学；场上位置：前锋/中锋；球衣号码：4号；曾效力球队：76人队

谢伊斯是BAA（NBA的前身）锡拉丘兹国民队有史以来最著名的得分手。在为该队打球的15年中，谢伊斯有13年是该队的得分王。这位身高2.03米的前锋当时还经常兼任中锋。他从1952年到1958年，6次入选NBA最佳阵容。1955年，他带领国民队以3比1的总比分击败韦恩堡活塞队，夺得NBA总冠军，这也是国民队夺得的唯一的NBA总冠军。

谢伊斯在他15年的职业篮球生涯中，只在一支球队中效过力，但是各种纪录上却至少有4支职业球队和他的名字有关。在1948年的选秀中，他同时被BAA的纽约尼克斯队和另一职业篮球组织——国家篮球联盟NBL的三城黑鹰队选中。但是黑鹰队在选中谢伊斯之后却宣布破产，于是新秀权被NBL的锡拉丘兹国民队获得。一年之后，NBL中包括国民队在内的4支球队和BAA合并，由此BAA合并，BAA改名为NBA。1963年至1964年赛季，国民队由锡拉丘兹搬迁到费城，并将球队改名为费城76人队。

1928年4月19日，谢伊斯出生在纽约，从小就是一个出色的篮球手。在纽约大学读书期间，谢伊斯便已是名扬四方，于是才有了1948年他毕业时被两个对立的职业篮球联盟的两支球队同时

选中的"撞车"事件。因为NBL的黑鹰队出价比纽约尼克斯队高出50%，所以谢伊斯选择了黑鹰队，直到后来两个联盟在1949年合并，谢伊斯才成为NBA的球员。

1951年，当NBA的第一次全明星赛创办时，谢伊斯就是首批明星之一。他在那场划时代的比赛中投中15分，抢到全场最多的14个篮板球，可谓名噪一时。此后的岁月里他又连续出战了12场全明星赛。

在那个时期，准确地罚球是排在第一位的，因为那时的比赛已经恶化到了猛冲猛撞的地步。当有人运球突破到底线时，迎接他的将是一次猛烈的撞击，而一名好的投手就会有很多罚球的机会，得到很多分。太多的犯规事实上已经使比赛成为一种静止的比赛。

之后，76人队的老板发现了一个使比赛速度更快、更精彩的办法，即增加进攻24秒的规则。他的这个建议和每节每队犯规次数超过6次时加罚一次的建议同时被采纳。从1954年至1955年赛季，初具规模的快速、精彩的比赛开始了。

谢伊斯对于新的比赛风格很适应。虽然主教练经常告诉队员们要注重紧逼防守，并且要多控制球（76人队在那个赛季是联盟平均每场得分最少的，场均得分89.7分），但是谢伊斯平均每场仍然能得到排名联盟第六的18.5分、排名联盟第四的12.3个篮板和排名联盟第三的83.3%的罚球命中率。

谢伊斯退休后被任命为76人队的主教练。

谢伊斯后来在布法罗勇敢者队短期任教，然后担任NBA的高级顾问。他的儿子丹尼·谢伊斯身高2.10米，是锡拉丘兹大学的著名中锋，1981年加盟NBA，1996年至1997年赛季在魔术队效力。

6次入选NBA最佳阵容，1次获NBA总冠军，13次出战NBA全明星赛。1972年入选奈史密斯篮球名人纪念堂。

"天才小前锋"沃西

全名：詹姆斯·沃西；英文名：James Worthy；生年：1961年；身高：2.06米；体重：102公斤；毕业学校：北卡罗来纳大学；场上位置：前锋；球衣号码：42号；曾效力球队：湖人队

1961年2月27日，沃西出生于北卡罗来纳州的加斯托尼亚。在高中时代，他就因出色的篮球才华上了当地报纸的体育版面，后顺利进入北卡罗来纳大学。在他大学第一年刚过一半的时候，沃西有一次在地板上滑倒，导致脚踝断裂，他不得不缺席赛季剩下的14场比赛，他的职业生涯一度因为这次受伤蒙上了深深的阴影。

在1991年的一次接受《运动》杂志的采访中，沃西回忆当年那次受伤时说："说真的，我也不是很确定我能不能恢复到我受伤之前的比赛强度，我不能和球队一起出征，我不能参加训练，我甚至不能参与球队的日常运作。那段时间我开始觉醒并开始接触篮球以外的不同的人。"一如既往，沃西镇定自若地面对这次伤病带来的考验。

1982年，沃西和迈克尔·乔丹以及日后的超音速队球星萨

姆·帕金斯一起，带领校队夺得全美大学联赛冠军，同时他本人获 NCAA 篮球决赛最有价值球员称号，并入选全美大学生最佳阵容。

当沃西于1982年入选湖人队的时候，队中的小前锋罗马拉·维尔克斯正值巅峰时期。但是少言寡语的沃西从来没有抱怨过自己的上场时间少，而是利用一切机会向维尔克斯讨教、学习。"魔术师"约翰逊后来回忆说，就是从这点儿小事上，他发现沃西是一个很有头脑的人。

沃西是一位擅长打硬仗的球员，他为湖人队在1985年、1987年和1988年3次夺得总冠军立下了汗马功劳。他在 NBA 中季后赛的统计数据为平均每场得21.1分和5.2个篮板球，而在常规赛中他的平均每场得分只有17.6分和抢5.1个篮板球。1988年在和底特律活塞队争夺总冠军关键的第七场比赛中，沃西打出了他个人篮球生涯中的第一个"三双"纪录：得36分，抢16个篮板球，并有10次助攻。作为小前锋的沃西还获得当年 NBA 总决赛的 MVP 奖。

在沃西退役的时候，他的成就让人目不暇接：1982年 NCAA 最后4强的最杰出球员，1988年 NBA 总决赛最有价值球员，湖人队20世纪80年代3次总冠军成员。他的职业生涯季后赛场均取得21.1分、5.2个篮板，甚至比他的常规赛场均17.6分、5.1个篮板还要耀眼。他的第一个大三元是在他职业生涯最重要的1988年对底特律的第七场总决赛中取得的。他在那场比赛中取得了36分、16个篮板和11个助攻。他同时保持着 NBA 季后赛历史上5场系列赛的最高命中率——在1985年西岸决赛对阵丹佛掘金队中高达72.1%。

沃西有着超乎常人的速度，他在快攻中起跳潇洒自如，单手高举篮球冲向篮筐就像毫不费力地在空中滑翔一样，运球过人更是如履平地，常常一个转身就将对手甩在三四米开外。在季后赛中，沃西投篮命中率高达54.4%，排在NBA所有球员的前10位。

【主要荣誉】

3次获NBA总冠军，1988年获NBA总决赛MVP，连续7次入选全明星阵容。2003年入选奈史密斯篮球名人纪念堂。

"内线杀手"麦克海尔

全名：凯文·麦克海尔；英文名：Kevin Mchale；生年：1957年；身高：2.08米；体重：95公斤；毕业学校：明尼苏达大学；场上位置：前锋；球衣号码：32号；曾效力球队：凯尔特人队

如果说世界上曾经有过一个人拥有专为篮球比赛而生的理想化身材，那么这个人就是凯文·麦克海尔。在为波士顿凯尔特人队效力的13个赛季中，他把自己与生俱来的身材优势发挥到了极致——他是NBA历史上最好的内线队员之一。

1957年12月19日，麦克海尔出生于明尼苏达州。小时候他一直是一个冰球迷。虽然他的父亲身高只有1.77米，母亲身高也仅1.65米，但上高中的3年间，他的个头猛地从1.75米蹿到2.08米。

他的教练埃丁敦因材施教，常常和他进行一对一的训练，使他练就了过硬的篮下技术。在明尼苏达大学的4年中，麦克海尔

继续提高他的篮球技术，虽然他的得分从来没有超过每场20分，但是他的投篮命中率却高达56.7%，并且常在关键时刻力拔头筹。为此，在1980年NBA选秀前夕，尼克斯队和凯尔特人队同时相中了他，经"红衣主教"奥尔巴赫的一番斡旋，凯尔特人队如愿以偿。

麦克海尔共为凯尔特人队效力13个赛季，成为NBA篮球场最独特的一道风景。麦克海尔只要在篮下接到球一转身，其他人就如何也防不住他，就连比他高出10厘米、同样有一双长胳膊的"天钩"贾巴尔也拿他无可奈何。在NBA生涯中，麦克海尔两次当选NBA最佳第六人，6次入选NBA最佳防守阵容，7次当选NBA全明星队员。他的投篮命中率跻身NBA的前10名。当然，最重要的是由他和拉里·伯德、罗伯特·帕里什构成了NBA历史上最强的攻击核心之一：凯尔特人队铁三角，为他在1981年、1984年和1986年赢得3枚NBA总冠军戒指。

在13个NBA赛季中，麦克海尔忠心耿耿，只为凯尔特人队一支球队效力。他一共得到了17 355分、7 122个篮板、1 690个盖帽和职业生涯55.4%的命中率。截至1994年至1995年赛季，他是凯尔特人队历史上第四名的得分手，仅落后于约翰·哈夫利切克、"大鸟"和"酋长"之后。

1994年1月30日，波士敦花园球场，在18分钟的中场庆典上麦克海尔的32号球衣正式退役。在对人群中的一双大手挥手致意后，他终于可以成为大家关注的焦点了——麦克海尔在"大鸟"伯德这个人的阴影下度过了13个赛季中的12个，而现在，伯德只能坐在观众之中。麦克海尔的32号球衣被升上波士敦花园球场的

屋顶，与伯德的33号球衣紧挨着。

麦克海尔回到他的家乡明尼苏达州之后，在1993年至1994年赛季以电视评论员和特别助理的身份参加到明尼苏达森林狼队的组建工作中。1994年夏天，他被新的球队拥有者格伦·泰勒晋升为总经理助理。他在1994年至1995年赛季继续扮演着狼队电视主持和执行董事的双重角色，直到1995年5月11日被提升为篮球俱乐部的副主席。在常规赛结束之后，他成为主席。

经过麦克海尔两年的精心运营，森林狼队在1996年至1997年赛季引进了年轻明星凯文·加内特和斯蒂芬·马布里，并在这一赛季球队历史上第一次打进了NBA季后赛。球员时代就已经非常成功，麦克海尔在证明他也可以在球队经营上干得一样出色。

【主要荣誉】

2次获NBA最佳第六人，7次当选NBA全明星队员，3次获NBA总冠军，1995年出任森林狼队俱乐部副主席。

"大鸟"伯德

全名：拉里·伯德；英文名：Larry Bird；生年：1956年；身高：2.06米；体重：100公斤；毕业学校：印第安纳州立大学；场上位置：前锋；球衣号码：33号；曾效力球队：凯尔特人队

1956年12月7日，伯德出生于印第安纳州仅有2000多人的小镇西巴敦。他靠刻苦的训练成为高中球队的主力，继而成为大学

队的球星。凯尔特人队早在 1978 年便在选秀大会上选定了伯德，但那时伯德还没有毕业，他自己也不愿放弃学业。

伯德没到凯尔特人队之前，该队的成绩仅为 29 胜、53 负。他到来的第一个赛季，便让凯尔特人队脱胎换骨，常规赛季战绩上升到 61 胜、21 负，整整多赢了 32 场。伯德的 13 个赛季均在凯尔特人队度过。他可以投篮，可以传球，可以防守，可以抢篮板球，带领全队攻守，是全队的核心和灵魂。1980 年，伯德的出色表现使他获得当年的 NBA 最佳新人奖。此后又在 1984 年、1985 年、1986 年连续 3 年获得 NBA 年度 MVP 奖，并在 1981 年、1984 年和 1986 年 3 次带领凯尔特人队夺得 NBA 总冠军。

在凯尔特人队的 13 个赛季里，伯德是最全能的球员，得分手、传球手、篮板手、防守专家、团队作业者等，恐怕配得上所有可以褒奖的称号，还有"关键先生"。伯德有着巨人的心脏，他自信到可以赛前告诉对手，然后像跳华尔兹一样轻松地从对方头顶取下 40 分。尤其是他的 3 分球，在训练时甚至闭着眼睛都能投进，这也让他成为各队闻风丧胆的杀手。

1992 年，伯德和约翰逊作为联合队长，带领梦之队夺得巴塞罗那奥运会金牌。伯德速度不快，弹跳一般，甚至有点儿笨拙，走路带一点儿八字脚，这样的身体条件在 NBA 中属于比较差的。但是，伯德篮球基本功非常扎实，无论是投、切、传、抢、封、运各项技术都无可挑剔。特别是投篮准确而稳定，视野开阔，反应机敏，他曾连续 3 次夺得 NBA 远投大赛的冠军。

在伯德当道的年代里，也许只有"魔术师"约翰逊在传球上做得比他更出色一点儿。"魔术师"是伯德最伟大的敌人，也是一

生的朋友，这两位巨星在20世纪80年代共同上演的黑白争雄已成为NBA不灭的经典。

在伯德和约翰逊加入NBA之前，很多人预言NBA将在20世纪80年代自行消亡，但是这两位巨星彻底改变了篮球的面貌，使得这项当时排在职业冰球、棒球和橄榄球之后第四位的职业联赛进入一个辉煌时代。

当1992年至1993年赛季开始靠近之时，伯德对媒体正式宣布退役。在长达13个赛季的897场比赛中，伯德共得到21 791分、8 974个篮板、5 695次助攻，场均得分24.3分、篮板10个、助攻6.3次。其职业生涯的投篮命中率为49.6%，罚球命中率为88.6%。

【主要荣誉】

3次获NBA总冠军，3次获NBA年度MVP奖，2次获NBA总决赛MVP奖。在黑人球员主宰的NBA联盟中，他是"白人的希望"。

"小精灵"阿奇博尔德

全名：奈特·阿奇博尔德；英文名：Nate Archibald；生年：1948年；身高：1.85米；体重：69.7公斤；毕业学校：得克萨斯州立大学埃尔帕索分校；场上位置：后卫；球衣号码：10号（皇家队）、1号（国王队）、7号（凯尔特人队和雄鹿队）；曾效力球队：国王队、凯尔特人队、雄鹿队

阿奇博尔德绰号"小精灵"，身高只有1.85米。作为组织后

卫，他在13年的职业生涯中先后效力于3支球队，其中最值得一提的是确立了其球星地位的堪萨斯国王队和后来的波士顿凯尔特人队。阿奇博尔德动作迅速、多变，令人目不暇接，在场上是一位极难防守的球员。他利用速度和飘忽不定的变位上篮得分，他的传球和中距离投篮的技术也十分出色。

阿奇博尔德上中学时，虽然篮球技术非常出众，但是因为身材太矮，不到1.70米，所以未被校队选中。后来当地社区的一位体育辅导员发现了他的才能，积极向中学校队推荐，阿奇博尔德才如愿以偿，并成为纽约最好的中学生后卫。但是，他又因学习成绩不佳而无法得到大学奖学金。于是，阿奇博尔德此生第一次离开纽约，前往亚利桑那州的社区学院补习功课。一年之后，他终于得到了得克萨斯州立大学的奖学金，加入该校校队。他为德州大学打了3年球，平均每场得20分。1970年的高校全明星赛中，他一人竟然得了51分。在另外连续5场季后表演赛中，他的平均得分也都超过了40分。

在NBA1970年的选秀大会中，辛辛那提皇家队在第二轮第二位选中了阿奇博尔德。当时皇家队的教练是退役巨星鲍勃·库锡。1972年至1973年赛季皇家队搬迁到堪萨斯，更名为国王队。这时的阿奇博尔德已势不可当，他平均每场得34分，有11.4个助攻。

1973年，阿奇博尔德首次入选全明星队，并在赛季结束后被选入最佳阵容。在1980年至1981年赛季，年逾30岁的阿奇博尔德进入了最辉煌的一年，他不但每场比赛出战35分钟，而且帮助凯尔特人队创造了62胜、20负的新纪录，个人得到NBA全明星赛MVP奖。更重要的是，经过11年的跌宕起伏，他终于夺得了生平

顶级篮球联赛美职篮

第一个也是最后一个NBA总冠军。

1981年至1982年赛季，阿奇博尔德和凯尔特人队创造了63胜、19负的NBA新纪录，但却没能进入总决赛。

1982年，35岁的阿奇博尔德与密尔沃基雄鹿队签约一年，1984年宣布退役。阿奇博尔德在14年的NBA生涯中成绩斐然：投中16 481分，有6 476个助攻，6次入选全明星阵容。

在阿奇博尔德的年代，人们认为篮球将变成一项纯粹巨人的游戏，但是这位身高只有1.85米的小个子的存在向当时的人们证明了一个道理：那些速度快、脑子灵并且充满了创造性的小个子选手，总能在巨人的游戏中找到自己的空间。阿奇博尔德非常聪明，在进攻时仿佛有一种特殊的感觉，这种感觉让他在突入禁区后总能在投篮和传球中作出正确的选择。

【主要荣誉】

1次获NBA总冠军，6次入选全明星阵容，1次获全明星赛MVP。他是NBA历史上唯一能在一个赛季中得分和助攻均排在联盟第一位的选手。1991年入选奈史密斯篮球名人纪念堂。

"低调先生" 戴夫·宾

全名：戴夫·宾；英文名：Dave Bing；生年：1943年；身高：1.92米；体重：90公斤；毕业学校：锡拉丘兹大学；场上位置：后卫；球衣号码：21号；曾效力球队：凯尔特人队、活塞队、奇才队

《运动》杂志曾经形容戴夫·宾为"低调先生"。这位超级攻击手平静地忍受眼疾折磨，在NBA度过整整12个春秋，随后他又平静地进入生意圈，白手起家，成为一位工业巨子。

1943年11月24日，戴夫·宾出生于华盛敦特区东北部的一个黑人家庭，他的父亲是一位砖瓦匠，母亲是一位家政工人，由于家境贫寒，4个孩子睡觉时不得不挤在两张床上。

似乎是有意要让戴夫·宾多经历一些磨难，不期而至的受伤使他和他的家庭屡遭重创。首先是父亲，一次被工地里落下的砖块砸中头部，造成脑部积血。接着是他自己，5岁那年在街上玩骑马游戏时不慎摔倒，一根钉子插入他的左眼。虽然通过手术最终保住了眼睛，但视力却受到严重影响。

受伤并不是唯一阻止戴夫·宾学习篮球的障碍，因为个头儿太小，大孩子们经常在球场上嘘他，所以他最初选择的运动是棒球。戴夫·宾在高中成为一位篮球和棒球双料明星，连续3年当选为优秀运动员。由于赛程相互冲突，他最终放弃了棒球。高中最后一年，戴夫·宾被评为锦标赛MVP，并且入选全美最佳阵容。

大四那年，他以场均28.4分排名全美第五，成为锡拉丘兹大学39年来首位入选全美明星队的篮球运动员，并被《体育新闻》选入全美最佳阵容一队。

戴夫·宾的卓越表现也使他成为NBA球探们竞相追逐的对象。1966年夏天，底特律活塞队在第二顺位选中了他。

戴夫·宾的得分能力在第二年得到进一步体现，1967年至

顶级篮球联赛美职篮

1968年赛季他总共拿到2142分，成为联盟的新科得分王。在为NBA3支球队效力的12个赛季中，戴夫·宾打了901场比赛，总共得到18327分和5397次助攻（场均20.3分、6次助攻），他的成就使他成为联盟有史以来最伟大的50名巨星之一。1966年至1967年赛季，戴夫·宾被评为NBA的年度最佳新秀，随后2次入选最佳阵容一队，1次入选最佳阵容二队，7次入选全明星阵容。

然而比这些荣誉更令人起敬的，是戴夫·宾在眼睛严重受伤后仍然坚持了7个赛季，尽管医生警告他这样做有可能加速失明。这位贫民区出来的孩子从来没有停止过不懈的努力，从进入NBA签下第一份年薪1.5万美元的合约开始，直到后来建立起自己的大型企业，成为一位备受推崇的模范公民。

在赛场上，戴夫·宾是一名伟大的球员，然而这只是他个人成就的一个方面。在NBA效力的12年里，戴夫·宾也从来没有停止过如饥似渴地学习——每一次客场比赛的旅途中，他都会随身携带各种财经书籍阅读。

1980年，退役后的戴夫·宾回到底特律，开始书写其人生的另一段辉煌。依靠当年在银行工作时建立的良好信誉，他贷款买下一块2972.9平方米的地皮，创建了以自己名字命名的小型钢铁公司。1990年，公司的年交易额达到6100万美元，成为全美第十大黑人拥有的企业。

扎根于底特律的戴夫·宾集团麾下拥有10家公司，年营业额高达5.5亿美元。在戴夫·宾雇用的1500多名员工里，80%是黑人。

2008年，戴夫·宾宣布竞选底特律市市长。因为当时的市长

丑闻缠身，并且无法使城市变得更好。戴夫·宾希望在底特律活塞队时期取得的成就能够化为选票，让自己以另一种身份为底特律再作贡献。

【主要荣誉】

1次获全明星MVP，1次常规赛得分王，7次入选全明星阵容，1次获NBA得分王。1990年入选奈史密斯篮球名人纪念堂。

"艺术大师"库锡

全名：鲍勃·库锡；英文名：Bob Cousy；生年：1928年；身高：1.85米；体重：79.4公斤；毕业学校：霍利大学；场上位置：后卫；球衣号码：14号；曾效力球队：凯尔特人队

1928年8月9日，库锡出生于纽约市，在高中时期就显出与众不同的篮球才华。13岁那年他从树上摔下来，跌断了右臂，于是用左手来运球、传球和投篮。当他伤愈后竟然可以左右开弓，球艺大增。

1946年，正是篮球运动处于蒙昧时代的后期，库锡进入霍利大学，将一股篮球技术革命的清风吹到了大学篮坛，但是大学教练认为库锡动作太花哨，限制他的上场时间。即便如此，库锡头一年就率领霍利大学夺得全国锦标赛的冠军，并被评为全美大学最佳阵容。

1950年，库锡参加了NBA选秀，可连"红衣主教"奥尔巴赫

也对他不屑一顾："我要的队员是能赢球的，而不是哗众取宠的。"

库锡在第一轮被鹰队选中，转手换给了芝加哥牡鹿队，因牡鹿队的倒闭，抽签到了凯尔特人队。起初，奥尔巴赫仍然限制库锡的上场时间，但是金子总要放出光芒，库锡很快显示了自己的价值，他的表演使波士敦花园体育馆上座率大大提高。从1952年到1961年，他10年作为组织后卫被选入NBA最佳阵容，6次夺得NBA总冠军，1次获NBA年度MVP奖，8个赛季在助攻次数上排名NBA第一，10次入选NBA全明星队，2次当选全明星赛最有价值球员。他被公认为凯尔特人队"绿色王朝"中的"心脏和灵魂"。库锡的许多动作被拍成了电影，作为篮球训练的教材和示范。库锡是第一个为篮球运动加入艺术因素的球员。

1974年，库锡是在辉煌中离开赛场的。在1963年的总决赛中，凯尔特人队以4比2击败了湖人队。在第六场比赛的第四节，库锡扭伤了脚踝，被队友搀扶，回到替补席。他在湖人队领先1分时再次回到了赛场。尽管他没有再次得分，但是他提升了球队的士气，并且带领球队以112比109获得最终的胜利。随着库锡将球扔上看台，比赛结束了。

在离开凯尔特人队的时候，库锡留下了16955分、6945次助攻、917场比赛胜利和80.3%的罚球命中率。在季后赛里，他场均贡献是18.5分和8.6次助攻。在他的13场全明星赛中，他得到过两次MVP，平均得到11.3分和6.6次助攻。

在他退役的那个夏天之后，库锡来到波士敦大学担任主教练职务。他在接下来的4年里指挥球队获得了117胜、38负的战绩，其中包括4个20胜以上的赛季，球队也两次在NCAA地区赛、一

次在NIT决赛上现身。但是，库锡不喜欢招募新人的工作，并且感觉到没有挑战。他在1968年至1969年赛季两场失利之后，宣布那个赛季将是他的最后一个赛季。

接下来的一年里，他加入了职业教练的行列，他来到了辛辛那提皇家队。他随着球队一起搬到了堪萨斯城，并且一直任职到1974年。1974年，库锡开始解说凯尔特人队的比赛。1989年，他成为第一个被任命为该机构主席的名人堂成员。他写了关于比赛的书：《篮球法则和技巧》。他在国会竞争席位，不过没有成功。他成为美国篮球大联盟的管理人员之一，还在欧洲和亚洲进行篮球指导。

有一位作家这么评价库锡："人们从不怀疑是奈史密斯博士发明了篮球运动，但是库锡让这项运动成为一门艺术。"

【主要荣誉】

6次获NBA总冠军，1次获NBA年度MVP，2次获全明星赛MVP，10次入选NBA最佳阵容。1970年入选奈史密斯篮球名人纪念堂，入选NBA35周年和50周年纪念的明星阵容。1989年，担任以篮球之父奈史密斯命名的篮球主要荣誉机构的主席。

"传奇人物"坎宁安

全名：比利·坎宁安；英文名：Billy Cunningham；生年：1943年；身高：1.98米；体重：95公斤；毕业学校：南加州大学；场上位置：后卫；球衣号码：32号；曾效力球队：76人队

坎宁安打球勇猛，执教严格，常胜。他最终落脚篮球名人堂，满载成功的履历似乎在指导人们如何预定"传奇人物"的头衔。作为球员和教练，他先后两次为费城76人队夺下NBA总冠军。

1943年6月3日，坎宁安出生于纽约市的布鲁克林。坎宁安5岁生日那天得到父亲送给他的一个篮球，他跑出家门奔向最近的一个篮球场——3个街区外的一所语言学校。

他回忆说："整个夏天我就在那儿住下了。""我还不知道怎么玩儿，但篮球就是有种特殊的东西，让我一下子爱上了它。"

坎宁安是街头球场、体育馆的常客，更是高中明星，率领他所在的高中夺得1961年纽约市冠军。因为弹跳超强，人送外号——"袋鼠男孩"。

虽然坎宁安个子不矮，篮球技术也十分出众，但是却骨瘦如柴。

坎宁安并没给当时南加州大学的教练史密斯留下太好的印象，至少没有马上留下。当初征召坎宁安的是南加州大学的前任教练富兰克，其实他为继任者史密斯留下了一份大礼。那个1961年的秋天，坎宁安走下公共汽车时，人们看到的是一个皮包骨头，满脸雀斑，红发乱蓬，走路八字的家伙。但是，坎宁安马上以自己的实力证明了他不仅能走路，而且可以跳起来在空中向前滑翔一段距离。

1965年，费城76人队在第一轮选秀中得到了依然瘦骨嶙峋的坎宁安，从此76人队里多了一位让对手头痛不已的"排骨仙"。

在场上，坎宁安智勇双全，有一种舍生忘死的气势，处理球果敢而狡猾。1966年，他入选NBA最佳新人阵容；1967年，助76

人队夺得NBA总冠军；1969年至1971年，连续3年入选NBA最佳阵容；1973年，成为最有价值球员。

1976年退役后，坎宁安靠着自己的成功秘诀：周密的组织、刻苦的工作和坚强的毅力，同样在商场上获得了成功。

作为主教练，坎宁安在取得200场和300场的胜利所用的时间比任何NBA教练都短。自1977年起，他执教费城76人队长达8年，球队战绩从来没有跌过大西洋区第二，总成绩为454胜、196负，胜率高达69.8%。1980年和1982年两度打入NBA总决赛，但均以2比4败给洛杉矶湖人队。后又重新做起，1983年终以4比0击败湖人队，夺得NBA总冠军。

作为评论员，坎宁安是CBS电视台最具权威的NBA专家。

作为老板，坎宁安和其他3位投资者一起为佛罗里达西部建立了一支名叫"迈阿密热火队"的NBA球队，并为热火队"挖"来了NBA王牌教练帕特·莱利。热火队在1991年至1992年进入季后赛，成为当时4支新军（其余3支为黄蜂队、魔术队、森林狼队）中最早进入季后赛的球队。莱利经过两年苦心经营，率队在1996年至1997年赛季取得该队历史上最好成绩，排名东区第二。

坎宁安还是美国篮球执委会成员，他参与组建了在巴塞罗那奥运会上轰动世界的梦之队。

【主要荣誉】

1967年获NBA总冠军，1973年获NBA年度MVP，3次入选NBA最佳阵容。在NBA中当过球星、主教练、评论员和老板，他的NBA故事最为离奇和精彩。1986年入选奈史密斯篮球名人纪念

堂，1996年加封NBA 50大球星。

"防守专家"弗雷泽

全名：沃尔特·弗雷泽；英文名：Walter Frazier；生年：1945年；身高：1.93米；体重：91公斤；毕业学校：南伊利诺斯学院；场上位置：后卫；球衣号码：10号；曾效力球队：尼克斯队、骑士队

1945年3月29日，弗雷泽出生于休斯敦，是全家9个孩中最大的一个。因此，从小在社区中他就是孩子头儿，似乎有一种与生俱来的领导才能和气质。弗雷泽的篮球生涯开始于一个破旧的球场，他很早就有了自己的篮球观点：攻击性的防守可以为本队得到更多的进攻机会，把球给无人看守的队友投篮要比在有人看守时投篮的把握大得多。在弗雷泽开始学习篮球之时，他已经是中学里有名的橄榄球星了，另外在学校的棒球队中担任接球手。

1967年，弗雷泽在NBA的选秀大会上以第一轮第五名的身份被纽约尼克斯队选中。此后，弗雷泽在尼克斯队贡献了10年，是纽约尼克斯队历史上最辉煌时期的代表。弗雷泽有着非凡的控球能力，他至今保持着尼克斯队历史上最多助攻次数的纪录，达4791次。弗雷泽运球的时候，球就像他身体的一部分，非常自如、隐蔽。弗雷泽的视野开阔，比赛中两眼总是一刻不离地观察着场上的任何变化，随时可以攻击对方。弗雷泽于1970年、1972年、1974年和1975年4次入选NBA的最佳阵容，7次入选全明星队。

1970年，尼克斯队在总决赛中与劲敌洛杉矶湖人队遭遇，前6场比赛双方战成3比3平，在关键的第七场比赛中，弗雷泽一人独得36分，并有9次助攻和5次抢断，最终率尼克斯队以113比99击败湖人队，夺得自己第一个NBA总冠军。

赛后，弗雷泽说："我总是把球送到没有人防守的位置上投篮，当时我就是那个没有人防守的队员。这一年的总冠军决赛是我篮球生涯中最美好的时刻。"

弗雷泽是一个让对手难以摆脱的防守专家，他曾在1968年至1975年连续入选NBA最佳防守阵容。在篮球这项崇尚华丽进攻数据的运动里，弗雷泽和尼克斯队使防守有了独特的亮丽。那个年代，麦迪逊花园广场的球迷会高声呼喊："Dee—fense！Dee—fense！"特别是第四节尼克斯队落后时。弗雷泽的防守绝技能够扭转比赛局势，球迷这样相信，对手这样畏惧。

弗雷泽的防守成就部分来源于"保持距离"秘诀。"我不是一个贴身防守的信徒。"弗雷泽在1971年说道，"我喜欢让对手猜测我的位置，一双快手给了我优势。我会'装死'，假装不在附近。这样对手的警惕性不如面对紧逼时高，让我有机可乘。"

球迷也非常喜欢弗雷泽酷酷的风格。弗雷泽几乎从来不发怒，从来不向裁判抱怨，甚至流汗都比别人少，好一副镇定自若的做派。

成为纽约尼克斯队名副其实的英雄人物后，弗雷泽新潮的装扮和狂欢party变得和他的运球和防守一样出名，杂志文章、封面彩照和广告邀请源源不断。超酷风格使他成为第一批获得篮球鞋赞助合同的运动员。

1973年，弗雷泽再次帮助尼克斯队赢得NBA总冠军。

1977年至1980年赛季，弗雷泽在为克利夫兰骑士队打了3年球后宣布退役。

退役后，弗雷泽干起了球员经纪人的生意，在短命的USBL联盟投资了一支球队，后移居维京群岛，考到客艇驾照。

【主要荣誉】

1970年、1973年两获NBA总冠军，4次入选NBA最佳阵容，7次入选全明星队，是NBA历史上第一架"滑翔机"。1986年入选奈史密斯篮球名人纪念堂。

"冰王"格温

全名：乔治·格温；英文名：George Gervin；生年：1952年；身高：2.03米；体重：83.9公斤；毕业学校：东密西根大学；场上位置：后卫；球衣号码：44号；曾效力球队：公牛队、马刺队

格温在通往NBA的历程中走过了一条不寻常之路。

1952年4月27日，格温出生于底特律。他在一个穷人家庭中长大，家中一共有6个孩子。当格温刚刚开始蹒跚学步的时候，他的父亲就抛弃了他们的家庭，维持生计的重任压在了他母亲的身上，母亲为此不得不做任何她能找到的工作。

1973年，因在比赛中殴打对手而被赶出校队的格温，最初只

在一个小联盟打球，后来被 ABA 弗吉尼亚绅士队的球探发掘而加盟该队，与另一名球星朱利叶斯成为队友。1973 年至 1974 年赛季，格温首次参加 ABA 全明星赛，但在同一日，他却被交易至圣安东尼奥马刺队。1975 年，格温再次入选 ABA 全明星赛。

在 ABA 被 NBA 合并后，格温继续留在马刺队。1977 年至 1978 年赛季，加盟 NBA 第二年的马刺队便在格温的带领下，打出联盟第三佳的 52 胜、30 负的成绩，格温亦第一次获取得分王头衔。在当年的得分王争夺战中，格温于例行赛最后一天的比赛中取得 63 分——其中在第二节取得 NBA 历史上单节最高的 33 分，力压丹佛的主将、于当日取得当时史上单场第二高得分的大卫·汤普森，成为得分王。格温在 NBA 最有价值球员奖项票选中，获得第二多的选票，仅次于比尔·沃尔敦。

1978 年至 1979 年赛季，格温再次成为得分王，在 NBA 最有价值球员奖项票选中，再次获得第二名，仅次于摩西·马龙。马刺队在格温的带领下，闯进东区决赛（当时马刺队属东区球队），在 3 比 1 的情况下，最终被华盛顿子弹队逆转。1982 年至 1983 年赛季，格温依旧以强大的得分能力率球队打进西区决赛，可惜两次均败于洛杉矶湖人队。1985 年，格温因被教练认为防守太弱，而且害怕投关键球，结果被送至芝加哥公牛队。在这最后一个赛季中，格温和另一位巨星迈克尔·乔丹合作，刚巧乔丹当时因脚伤而只打了 18 场比赛，格温正好弥补了球队的得分缺口。赛季完结后，格温宣布退出 NBA。

格温进攻技艺多元化，包括远距离跳投、挑篮、反向上篮等，使他能轻易取得大量分数。其中格温的"挑篮"更是 NBA 历史上

的经典进攻招式之一。格温在篮球场上表现得温文尔雅，凡事都十分冷静。无论多么激烈的比赛，格温都是不露声色，而且很少失误。即使是在客场，受疯狂球迷的干扰下，他的罚球也丝毫不受影响。他的冷静使球迷送了他一个"冰王"的雅号。格温的球风类似于休斯敦火箭队的"滑翔机"德雷克斯勒，尽管这外号最初只是来自一个畅销自传的作者笔名。格温共获得4次得分王，是NBA历史上仅次于乔丹、获得第二多得分王名衔的后卫。

1978年4月9日，格温创造了一节比赛12分钟之内投中33分的NBA纪录。格温能在7米开外轻松地远投，更能在两名身高2.10米的防守者之间雷霆万钧地扣篮。从NBA退休后，格温又到欧洲的意大利打了一年的职业篮球，1989年至1990年赛季，在CBA（美国大陆篮球协会）中打球，这时38岁的格温依然每场比赛有平均20.3分的得分能力。

像许多NBA著名球星一样，"冰王"格温一生的遗憾是未能够赢得一枚NBA总冠军戒指。

【主要荣誉】

4次获得分王称号，一节比赛得33分，创NBA纪录，9次入选NBA全明星队，1次获全明星赛MVP奖。格温是NBA历史上第一个3次成为NBA得分王的后卫队员。1996年入选奈史密斯篮球名人纪念堂，同年入选NBA历史上50大巨星。

"从一而终"格瑞尔

全名：哈尔·格瑞尔；英文名：Hal Greer；生年：1936年；身高：1.88米；体重：79.3公斤；毕业学校：马歇尔大学；场上位置：后卫；球衣号码：15号；曾效力球队：76人队

哈尔·格瑞尔，这位来自西弗吉尼亚州的小个子名人堂球员，在他15年的NBA生涯中始终保持着坚持不懈的球风。他每个晚上都能完成一场精彩的"演出"，职业生涯平均每场得19.2分，在他参加的1122场NBA比赛中一共砍下了21586分。

"从一而终……"格瑞尔曾经说过，"对我来说，这件事情很重要。我希望我在人们心中是一名优秀的、从一而终的球员。"格瑞尔将他的职业篮球生涯都奉献给了同一支球队。

格瑞尔于1958年被锡拉丘兹国民队选中，1963年跟随球队迁移到费城，该队更名为费城76人队。格瑞尔10次参加NBA全明星赛，7次入选NBA年度第二队。他是球队在1966年至1967年赛季获得总冠军时的领袖人物，球队的第二号得分手。

1936年6月26日，格瑞尔出生于西弗吉尼亚的汉廷敦。由于在高中时期篮球表现出色，他成为当时马歇尔大学历史上第一个获得奖学金的美国黑人学生。但是直到4年后大学毕业，格瑞尔也没有想到自己能打职业篮球。

1958年，锡拉丘兹国民队在选秀第二轮选中了格瑞尔，身体瘦弱的格瑞尔到国民队参加训练营的时候，连背包和行李都没带，

随时准备被取消资格。

但是，在格瑞尔的第一个NBA赛季中，他就向人们展示了精湛的球技，使人们相信他最终会成为一名巨星：他可以完成一个足以令对手窒息的跳投，打出一次快速的突破，再加上他顽强的防守。1958年至1959年赛季，他作为一名替补球员，平均每场拿下11.1分，45.4%的投篮命中率在那一年排名全联盟第四，再加上77.8%的罚球命中率。

格瑞尔最强的得分手段要算是跳投了。禁区顶端是他最喜欢出手的位置，在那个地点的命中率能够达到70%。

1959年至1960年赛季，格瑞尔的投篮命中率又得到进一步的提高，他以当赛季联盟第二高的47.6%的投篮命中率结束赛季。他的球队也打出了45胜、30负的好成绩，可惜在季后赛第一轮输给了费城勇士队。

1960年至1961年赛季，格瑞尔的第三个NBA赛季，他终于成为球队的一名主力球员，也逐渐显露出他巨星的气质。格瑞尔将他的赛季平均得分提高到19.6分，并完成了他个人NBA生涯中第一次全明星赛的旅行。他在球队的得分榜上以23.6分位列第二。国民队也在季后赛中打入东区半决赛，在决赛中最后一场惜败于凯尔特人队。

在接下来的一个赛季中，格瑞尔平均每场能拿下22.8分，并能贡献7.4个篮板和4.4次助攻。格瑞尔成为球队头号得分手，他在整个联盟得分榜上排名第十三，并以81.9%的罚球命中率排名第九。在1962年的全明星赛中，格瑞尔送出球队最高的9次助攻，还拿下10个篮板。格瑞尔率领球队再次打入季后赛，可惜在东区

半决赛中再一次输给了费城勇士队。

1967年，格瑞尔带领费城76人队夺得15年中的唯一一个总冠军戒指，圆了他的冠军梦。

1973年，格瑞尔退役。

【主要荣誉】

1967年获NBA总冠军，连续10次入选NBA全明星队。1981年入选奈史密斯篮球名人纪念堂。

"老手艺捍卫者"琼斯

全名：萨姆·琼斯；英文名：Sam Jones；生年：1933年；身高：1.93米；体重：90公斤；毕业学校：北卡罗来纳大学；场上位置：后卫；球衣号码：24号；曾效力球队：凯尔特人队

琼斯在12年的NBA岁月中，得分总数为15411分，平均每场17.7分，他的罚球命中率高达80.3%，3次入选NBA第二阵容，5次入选NBA全明星阵容。单看这些数字并不能反映出他在场上的活力和作用。关于他如何被"红衣主教"选中进入凯尔特人队的经历，至今仍让球迷津津乐道。

在1957年的NBA选秀大会开始前，作为凯尔特人队主教练的奥尔巴赫一直没有确定自己的满意人选。他听到一位大学教练介绍琼斯的情况之后，竟然出人意料地将这位来自北卡罗来纳大学

——这样一所当时名不见经传的学校的一个同样名不见传的队员作为自己的第一选择。

作为NBA选秀大会第一轮第八位被选中的琼斯，几乎被突如其来的震惊击垮。因为当时的凯尔特人队有11位状态很好的老队员，来到这样的队里意味着他几乎没有上场的机会。当时凯尔特人队已经有了NBA中最好的后卫搭档库锡和谢尔曼。

尽管琼斯对于职业联赛已经有所准备，但从未祈祷成为一名凯尔特人，期待成为一支冠军团队的一员，面临11名经验丰富的老队员的激烈竞争。

事实上，在凯尔特人队选中琼斯的同时，一支高中球队同时邀请他去做教练。对于凯尔特人队的前景充满不安的琼斯，决定向那所高中提出增加500美元薪酬的要求，如果被接受，他就放弃去NBA。谢天谢地，那所学校拒绝了他的要求，他得以去波士敦面对苛刻的"红衣主教"以及严酷的竞争。

琼斯犹豫了很久，经过反复斗争，终于辞掉了快要谈好的一份高中教师的工作，只身来到波士敦。这一决定也使得NBA和世界篮球没有错过一位独一无二的优秀球星。

从1957年加入波士敦凯尔特人队到1969年退休，琼斯在所经历的12个NBA赛季中，帮助凯尔特人队夺得10个NBA总冠军，以自己的实力证实了"红衣主教"当时的选择没有错。

琼斯身体匀称、结实，速度极快，身体灵活，手感极好，擦板投篮十分准确。他还是那种头脑冷静、临危不乱的领袖型球员，善于处理各种关键球。

在球场的每一个角落，琼斯都可以使用自己的绝活儿打板投

篮。在高中的时候，因为不会上篮，琼斯练成了这一绝活儿。他日复一日地完善自己的打板，瞄准篮板上的方框，直到这成为一种本能。在琼斯的职业生涯晚期，当绝大多数球员已经抛弃这种投篮的时候，琼斯依然坚持用这种"老手艺"取悦观众，打击对手。

琼斯另一个特殊的能力是无球跑位。拉塞尔抢前场板，转身，传给无人防守的琼斯，打板命中，几乎成了凯尔特人队比赛的保留节目。

琼斯同样对自己挑战联盟那些巨人持有绝对的自信，即使面对巨人张伯伦。

"红衣主教"称自己是琼斯最忠实的球迷："给他的任何任务，他都能完成。他随时随地做好准备，招之即来，来之能战。"

对于琼斯最伟大的评论依然出自"红衣主教"之口，在波士敦花园球场的一次特别典礼上，他说："我要感谢琼斯，没有他，就没有我。"

1970年，琼斯入选NBA 25周年纪念最佳阵容。

【主要荣誉】

10次夺得NBA总冠军，5次入选NBA全明星阵容。1983年入选奈史密斯篮球名人纪念堂。

"手枪"马拉维奇

全名：皮特·马拉维奇；英文名：Pete Maravich；生年：1947年；卒年：1988年；身高：1.96米；毕业学校：路易斯安

那州立大学；场上位置：后卫；球衣号码：7号；曾效力球队：爵士队、凯尔特人队、鹰队

　　1947年6月22日，马拉维奇出生于宾夕法尼亚州的阿里奎帕市的一个篮球家庭。父亲普莱斯·马拉维奇就是一名职业篮球选手。

　　马拉维奇受父亲的熏陶，在高中时就显示出众的篮球天赋，而他的篮球才华在大学期间更是大放异彩。在大学一年级的比赛中，他平均每场得43.6分。在此后的3个赛季中，他场均得分分别为43.8分、44.2分和44.5分。他创造的大学得分纪录至今没有人打破。1970年他被选为全国大学最佳选手。

　　在1970年的NBA选秀中，马拉维奇在第一轮第二位被亚特兰大鹰队选中，签下了一纸190万美元的合同，这在当时是一个巨大的金额。

　　马拉维奇充满激情，善于表演，他将背后运球和腿间传球的技术发扬光大并日臻成熟。虽然这两项技术在当时一些专家眼里是街头痞子的动作，但是这位敢于创新的天才用事实证明了他这种随心所欲的技术发挥不但具有观赏性，而且更有实战性。他的表演或打法也使得观众赏心悦目。

　　马拉维奇在NBA的第一年，每场为球队贡献23.2分，还入选NBA最佳新人阵容。但是鹰队的战绩却只有36胜、36负，比上个赛季少赢了12场。1974年至1975年赛季，新组建的爵士队用两名球员换来了马拉维奇，虽然马拉维奇在赛场上不遗余力，但是爵士队的比赛还是只好看不赢球，一直未能打入总决赛。马拉维奇在篮球生涯中所有的得分都是2分球或罚球，这位神射手从来没

有在比赛中投过一个3分球，这与他的外号"手枪"不谋而合。在11年的NBA生涯中，马拉维奇2次入选NBA最佳阵容，4次当选NBA全明星队员。

尽管马拉维奇取得的成绩在他的才华之上，但是他的数据却不能给球队的战绩带来任何变化。没有人怀疑他的努力程度以及观赏性，但是很多人认为马拉维奇是一个个人第一、球队第二的球员。批评家们说他自小在体育馆里独自练球，而当他在球场的时候也认为他是一个人一样。这个批评是马拉维奇整个职业生涯都没完全摆脱掉的。

马拉维奇一直都以远距离投篮威力大著称，但是在他的职业生涯里，不管是在大学还是在NBA的比赛，都还没有3分球的规定，他所有的得分，不管出手点多远，都被算成2分。在1979年至1980年赛季，也就是马拉维奇的最后一个赛季里，NBA终于实行了3分球的机制。尽管马拉维奇的技巧已经钝化，膝盖已经废掉，上场时间受到限制，但是终于尝试了3分球的机会，表现是15中10。

在这个赛季之后，马拉维奇不得不面对自己伤痕累累的膝盖、过重的体重和减缓的速度，并且最终选择退役。在他职业生涯的11年中，平均每场得分在24分以上。

1988年1月5日，马拉维奇在加利福尼亚一个体育馆中进行三对三比赛时，突然心脏病发作而死亡，终年40岁。

【主要荣誉】

1970年获全美大学最佳球员称号，2次入选NBA最佳阵容，

4次当选NBA全明星队员。1986年入选奈史密斯篮球名人纪念堂，1996年当选NBA历史50大球员之一。

"埃尔珍珠"门罗

全名：埃尔·门罗；英文名：Earl Monroe；生年：1944年；身高：1.90米；体重：84公斤；毕业学校：云丝敦·沙龙学院；场上位置：后卫；球衣号码：15号；曾效力球队：巴尔的摩子弹队、尼克斯队

在"魔术师"约翰逊1979年来到NBA之前，NBA中早就有一位被人称为"黑色魔术师"的球星，这就是门罗。但是"黑色魔术师"只是门罗众多绰号中的一个，他最有名的绰号叫作"埃尔珍珠"。

门罗是一位出神入化的控制球大师和一对一的专家。他那眼花缭乱的切入，常常让观众看得目瞪口呆。如果对手和他保持距离，他可以用准确的投篮攻击得分。

门罗1967年加入NBA，在13年的NBA生涯中，他是使得后卫这一传统角色发生革命性变化的重要人物之一。门罗与同时代的著名攻击后卫大卫·比格和杰里·韦斯特一起，使人们改变了后卫只会传球、不善进攻的传统观念，他们用自己的行动证明了后卫和中锋在进攻中的地位是同等重要的。门罗在NBA生涯中平均每场得18.8分，在得分最多的1968年至1969年赛季，平均每场得25.8分。

门罗的速度和弹跳并不是十分出色，但是他喜欢在篮下不断地转体、收腹、伸展，在几乎失去重心的情况下把球投进篮筐。即使这

样，他的投篮命中率亦保持在46.4%，他为此4次入选全明星队。

1944年11月21日，门罗生于美国南部的费城。从小他最喜欢的体育项目是足球和棒球，直到14岁那年身高长到1.90米，引起了学校篮球队教练的注意。虽然他没有马上从思想上接受篮球运动，但是却开始在校队中打中锋。因为门罗的身高在中锋中偏矮，所以每次移动和投篮他都要做假动作，跳起后尽量延长自己的空中停留时间，以此躲开对方的防守。

高中毕业后，门罗选择了一所北卡罗来纳州以黑人学生为主的小学院。1966年至1967年赛季，门罗以每场平均41.5分的进账带领云丝敦·沙龙学院夺得全美大学乙级联赛冠军。当地的一位体育记者在文章中说，门罗的得分就像满场的珍珠，于是这位大学球星有了自己的绰号"埃尔珍珠"。

1967年，门罗在NBA选秀中以第二位的身份被巴尔的摩子弹队选中。加入NBA的第一年，门罗每场得24.3分、4.3次助攻，在和洛杉矶湖人队的一场比赛中，他一人投中56分，理所当然地当选NBA最佳新人。两年之后，他入选1969年的NBA最佳阵容。1971年11月10日，子弹队为了扩大整体实力，忍痛把门罗换到尼克斯队。门罗率领尼克斯队一路过关斩将，包括在季后赛击败老东家子弹队，闯进了NBA的总决赛。尼克斯队最后以4比1击败西区冠军洛杉矶湖人队，在决定胜利的第五场比赛中，门罗夺得23分。这是该队历史上第二个NBA总冠军。

1979年至1980年赛季之后，门罗宣布退休，后从事娱乐行业。

4次入选全明星队，1967年当选NBA最佳新人，1973年获NBA总冠军。

"三双王"罗伯逊

全名：奥斯卡·罗伯逊；英文名：Oscar Robertson；生年：1934年；身高：1.96米；体重：99.8公斤；毕业学校：辛辛那提大学；场上位置：后卫；球衣号码：14号（国王队）、1号（雄鹿队）；曾效力球队：国王队、雄鹿队

历史上有很多不可能超越的纪录，比如张伯伦的单场100分、凯尔特人队的8连冠、拉塞尔的11次总冠军……其中，罗伯逊的赛季"三双"（即一个赛季中有3项数据的平均值均达到双位数）也是绝无仅有的奇迹。作为历史上全面型球员的鼻祖，罗伯逊在14年的职业生涯中共得到181个"三双"，比排在第二名的"魔术师"约翰逊多43个，而现役球员中"三双"最多的基德目前只有75个。

罗伯逊的绰号"大O"来自他名字（Oscar　Robertson）的第一个字母，同时象征所有看过他比赛的人惊讶时的嘴型。

罗伯逊身高1.96米，是NBA历史上第一个身材如此高大的组织后卫，而当他在NBA征战的时候，"魔术师"约翰逊还仅仅是一个1岁的小毛孩儿。在14年的职业生涯中，罗伯逊先后为辛辛那提皇家队和密尔沃基雄鹿队效力，共得26710分，是历史上得

分最高的组织后卫。在NBA得分榜上，只有贾巴尔、张伯伦、海耶斯、摩西·马龙、乔丹、卡尔·马龙和奥拉朱旺的总得分高于他。他平均每场得25.7分，列历史第九位。

虽然斯托克敦、马克·杰克逊和"魔术师"约翰逊超过了罗伯逊创造的9887次助攻，但作为一个组织后卫，他平均每场还能拿下7.5个篮板，这一点是另外三人无法企及的。

1934年11月24日，罗伯逊出生在夏洛特，少年时代在印第安纳波利斯度过，在这里他学会了打篮球，但也饱受种族歧视的滋味，这种歧视即使在罗伯逊上大学后依然存在。

1960年，罗伯逊入选美国奥运男篮并帮助球队最终夺冠，这段经历使他顺利加入了NBA。那一年他和辛辛那提皇家队（国王队的前身）签约，拿到了3.3万美元的年薪，这对小时候穷得连篮球都买不起的罗伯逊来说，是一个巨大的数目，其人生迎来了转折点。

进入NBA的第一个赛季，罗伯逊就以平均30.5分拿下赛季最佳新秀，而第二个赛季则有了创造赛季"三双"的惊人之举。不过这两年皇家队都没有进入季后赛。

由于受到凯尔特人队的压制，罗伯逊始终未有机会率领皇家队登顶，随着岁月的流逝，罗伯逊的巅峰状态逐渐走到尽头。1970年至1971年赛季开始前，皇家队作出了一个令人惊讶的决定，他们将罗伯逊交换到雄鹿队，不过这倒是成全了罗伯逊夺取总冠军的心愿。

当时已经31岁的罗伯逊与刚刚加盟NBA的贾巴尔构成了内外强力组合，雄鹿队在常规赛所向无敌，在总决赛中以4比0轻松战

胜子弹队。那个赛季罗伯逊平均得19.4分，有8.2次助攻和5.7个篮板。

罗伯逊在场上是球队的领袖，在场下同样具备非凡的领导能力。球员时期他曾经是NBA球员工会主席，并为球员争取正当权益作出了重要贡献。1970年，他代表工会向NBA提出与ABA合并，还提出大学球员进入NBA合法化、修改NBA不许有自由人等不合理条款。经过6年漫长的谈判，NBA终于和ABA合并，新人加入NBA一年后有权选择成为自由人。

【主要荣誉】

1960年获奥运会男篮冠军，1961年获NBA最佳新人，12个赛季入选NBA全明星阵容，9次入选NBA最佳阵容，夺得1次NBA总冠军、1次NBA年度MVP和1次全明星赛MVP。1979年入选奈史密斯篮球名人纪念堂，1996年当选NBA 50大巨星。

"革命性后卫"沙尔曼

全名：比尔·沙尔曼；英文名：Bill Sharman；生年：1926年；身高：1.86米；体重：85公斤；毕业学校：洛杉矶南加州大学；场上位置：后卫；球衣号码：21号；曾效力球队：凯尔特人队

1926年5月25日，沙尔曼出生在得克萨斯州的阿比林。从小就在篮球和棒球两项体育项目中表现出过人的才华。在洛杉矶南加州大学上学时，他就是该校篮球队和棒球队的绝对主力。

1950年，沙尔曼首选和乙级棒球职业联赛的布鲁克林道奇队签约，随后，又被华盛敦国会队在选秀第二轮挑中。此后5年，来回奔波于棒球和篮球场，直到确认自己无法进入棒球甲级联赛后，才放弃了棒球，专心从事NBA篮球运动。

　　1951年，沙尔曼转会至波士敦凯尔特人队，在此效力了10年。他和库锡组成的后防线名扬天下。这两位身高都没有超过1.90米的白人选手技术全面，攻防俱佳，相得益彰，犹如20世纪80年代底特律活塞队著名后卫托马斯和杜马斯的结合。沙尔曼在1957年、1959年、1960年和1961年共获4次NBA总冠军，7次入选NBA最佳阵容或第二阵容，8次参加全明星赛。但他篮球生涯中最辉煌的阶段是在1961年退休后当教练时开创的。

　　1961年，35岁的沙尔曼在美国篮球联盟ABL的喷气机队担任运动员兼主教练，当年就一举夺魁。

　　1971年，他又带领球队夺得美国篮球协会ABA总冠军。

　　1972年，他执教NBA洛杉矶湖人队，创下当时常规赛季69胜、13负的最好成绩，其中有33场连胜，最后在总决赛中以4比1击败尼克斯队，夺得NBA总冠军。沙尔曼本人也被评为NBA最佳教练。

　　1976年，沙尔曼成为湖人队的总经理，在他的经营下湖人队利用新秀的交易权得到了后来开创湖人队新时代的天才后卫"魔术师"约翰逊。

　　1982年，沙尔曼被选为湖人队俱乐部主席。1988年退休，此间湖人队又赢得5个NBA总冠军。沙尔曼至今依然是湖人大家庭中最受人尊敬的成员之一。沙尔曼是目前美国篮坛上唯一一位在

3个不同的职业篮球组织中指挥球队夺得过总冠军的主教练，这一点足以让他在任何篮球史上占有一席之位。

1970年，沙尔曼入选NBA 25周年最佳球星行列。

【主要荣誉】

4次获NBA总冠军，7次入选NBA最佳阵容或第二阵容，8次参加全明星赛。他是NBA首批革命性的后卫之一，也是NBA历史上第一位将投篮命中率提高到40%以上的后卫队员。1973年入选奈史密斯篮球名人纪念堂。

"关键先生"韦斯特

全名：杰里·韦斯特；英文名：Jerry West；生年：1938年；身高：1.88米；体重：79公斤；毕业学校：西弗吉尼亚大学；场上位置：后卫；球衣号码：44号；曾效力球队：湖人队

1938年5月28日，韦斯特出生于西弗吉尼亚的卡宾格里克。

每当比赛到了要一锤定音的关键时刻，湖人队的队友们总是千方百计地将球传到韦斯特手中，让他来进行生死攸关的一击。结果他总能不负众望，一球定胜负。在无数次这样的关键一球之后，人们送他一个绰号"关键先生"。他在1970年和纽约尼克斯队争夺总冠军中的关键一球，至今成为球迷津津乐道的奇闻。

1970年的总决赛，湖人队和尼克斯队在前两场比赛中战成1比1。在第三场比赛最后3秒钟，尼克斯队以102比100领先。湖

人队中锋张伯伦发进界外球后，韦斯特运了3次球，然后从18米开外远投，球竟然空心穿网而过。但是由于没有实行3分球，双方战成102平，进入加时赛。虽然最后湖人队以108比111输了这场比赛，并以1比4的总比分输掉了总决赛，但是这些都已经为人们所淡忘，而韦斯特这个"关键"一球却被人们永远谈论着。

1960年，韦斯特代表美国参加了罗马奥运会并获得金牌。

1960年，韦斯特被明尼阿波利斯湖人队在新秀选拔大会中第一轮第二位选中。从此韦斯特为湖人队效力整整14个赛季，9次带领湖人队闯进总决赛，但是只有在1972年夺得他NBA生涯中唯一一次总冠军。

除了加入NBA的第一个赛季，韦斯特在其他13个赛季中每场得分都超过了20分，并在4个赛季平均每场得分超过30分。在他退役时，总得分排在NBA历史上第三位，而且是第三个突破25 000分大关的NBA选手；每场平均得27分，名列NBA历史上第四位；7 150个罚球列NBA第二；6 238次助攻列NBA第五。

1976年，退役后告别篮球两年的韦斯特重新回到了湖人队，担任主教练。在他执教的3年中，湖人队回到季后赛8强行列。1980年韦斯特入选NBA 35周年纪念最伟大的球员之一。

1982年，韦斯特出任湖人队的总经理，一手建立了雄霸整个20世纪80年代的"湖人王朝"。1994年至1995年赛季，韦斯特被评为NBA最佳经理。

【主要荣誉】

1次获NBA总冠军，1次成为NBA总决赛最有价值球员

（1969 年，这是 NBA 历史上唯一一位以败队球员身份获得此奖项），1 次成为 NBA 全明星赛最有价值球员，14 次成为 NBA 全明星球员，12 次入选 NBA 最佳阵容。1980 年入选 NBA 35 周年最佳阵容，1996 年入选 NBA 50 大巨星，1980 年入选奈史密斯篮球名人纪念堂。

"千胜教头"威尔肯斯

全名：兰尼·威尔肯斯；英文名：Lenny Wilkens；生年：1937 年；身高：1.86 米；体重：80 公斤；毕业学校：普林斯敦大学；场上位置：后卫；球衣号码：19 号；曾效力球队：鹰队、超音速队、骑士队、波特兰开拓者队

1937 年 10 月 28 日，威尔肯斯出生于纽约的布鲁克林。1960年，威尔肯斯在选秀大会上被圣路易斯鹰队挑中，开始其 NBA 生涯。

威尔肯斯在球员时代曾效力圣路易斯鹰队、西雅图超音速队、克里夫兰骑士队及波特兰开拓者队，司职后卫，曾九度入选全明星赛，并于 1971 年荣膺 NBA 全明星赛最有价值球员。威尔肯斯取得平均 16.5 分、6.7 次助攻、4.7 个篮板球的成绩。

威尔肯斯最初并不相信他能在水平极高的 NBA 里生存，直至一次与波士敦凯尔特人队的比赛中，他才相信自己能打得比鹰队的后卫好。在他的第三个赛季里，威尔肯斯第一次入选 NBA 全明星阵容，并且在接下来的 6 个赛季里(1963 年至 1967 年) 均带领球

队打进季后赛。1967年至1968年赛季，威尔肯斯得到20分、8.3次助攻的平均成绩，在该年的最有价值球员奖票选中得到第二名。下一个赛季，威尔肯斯被交易至西雅图超音速队，他以22.4分、8.2次助攻的成绩，协助这支新球队取得了30胜、52负的成绩。1969年至1970年赛季，威尔肯斯兼任教练，从此开始了教练生涯。

威尔肯斯在执教期间依旧保持明星级球员的战绩。1971年至1972年赛季，带领球队打出47胜、35负的队史最好成绩。但管理层要求威尔肯斯在球员与教练之间只能选择其一，而他相信自己仍能驰骋沙场，因此球队在没有通知的情况下，把这位出色但同时是当时全联盟年纪最大的后卫交易到克里夫兰骑士队。这甚至一度让西雅图的球迷鼓噪，威胁说要罢看球赛。

在克里夫兰，威尔肯斯为这支新成立不久的球队带来莫大的帮助，尤其是解决了不擅长组织攻势的问题。1973年，威尔肯斯再次入选全明星阵容。

从球员身份退下来后，威尔肯斯在波特兰开拓者队当教练。随后，他执教了多支球队，包括西雅图超音速队、克里夫兰骑士队、亚特兰大鹰队、多伦多猛龙队、纽约尼克斯队等。虽然威尔肯斯在球员时代未能拿下总冠军，但在1979年执教西雅图超音速队时，终于一偿凤愿。连同1994年执教亚特兰大鹰队时获得的NBA最佳教练奖项，几乎盖过了他球员时代的成就：他于1988年就以球员身份入选篮球名人堂，并于1996年被选为NBA 50大巨星之一。

在威尔肯斯的教练生涯中，所带领的球队多数都能成为一时

的强权。连同球员兼任教练的时代，共执教32年，取得1332胜、1155负，得胜率53.6%的成绩。

1995年1月6日，当威尔肯斯的亚特兰大鹰队以112比90战胜华盛敦子弹队后，他的执教获胜场次达到939场，超过了传奇教练"红衣主教"奥尔巴赫938场的记录。年近八旬的奥尔巴赫亲临现场向威尔肯斯祝贺，并亲自为他点燃一支象征胜利的雪茄烟。

1996年3月1日，当鹰队以74比68击败克里夫兰骑士队的时候，威尔肯斯成为第一位执教获胜1000场的NBA主教练，为自己在NBA和篮球生涯中立了一座里程碑。

威尔肯斯1992年任巴塞罗那奥运会美国男篮助理教练，1996年亚特兰大奥运会美国男篮主教练，两获奥运会金牌。他无疑是男篮教练中成就最杰出的一位。

【主要荣誉】

9次入选NBA全明星队，唯一一位赢球场数超过1000场的NBA主教练，1996年任梦三队主教练，率队获奥运会金牌。1989年入选奈史密斯篮球名人纪念堂。

"魔术师"约翰逊

全名：埃尔文·约翰逊；英文名：Earvin Johnson；生年：1959年；身高：2.06米；体重：98公斤；毕业学校：密西根州立大学；场上位置：后卫；球衣号码：32号；曾效力球队：湖人队

约翰逊无疑是NBA历史上最伟大的球星之一。是他将更多的理念、智慧和技巧带到了篮球场，使得篮球运动的观赏性和竞争性在20世纪80年代上升到一个新的高度。

　　1959年8月14日，约翰逊出生于密歇根州的兰辛市。在家中，他有9个兄弟姐妹。他的父亲在通用汽车的工厂里工作，母亲是一个学校的管理员。小约翰逊和伙伴们在街角唱歌，当然还一起打球，每天早上7点半他就会出现在篮球场上。

　　在中学的时候，他就因为出色的篮球技术而被当地媒体称为"魔术师"，以至于后人忘记了他的真实名字埃尔文·约翰逊，而以"魔术师"代之。约翰逊技术全面，是NBA历史上最高的组织后卫。同时，他可以胜任任何一个位置，是一个全能的球星。

　　在高中时期，约翰逊就凭借着他夸张的传球方式和比赛风格，使所有人刮目相看。他极强的表现能力和令人晕眩的"不看队员传球"，使湖人篮球的"作秀时间"引领了20世纪80年代的篮坛风格。尽管他与"大鸟"伯德是球场外最亲密的朋友，但是他们在球场上掀起了"湖人对凯尔特人"的争霸大战，并吸引了数百万的球迷观看NBA。

　　1980年，约翰逊以第一轮第一位入选湖人队。在加入湖人队的第一个赛季就助队夺得1980年的总冠军。在季后赛首场即拿下三双，并最终取得了职业生涯的第一个总冠军，成为NBA总决赛最有价值球员。此后，在职业生涯季后赛首场即拿到三双的球员，只有2005年的勒布朗·詹姆斯。当时在总比分3比2的情况下，第六场比赛湖人队主力中锋"天钩"贾巴尔严重受伤，20岁的约翰逊顶替上阵，充当中锋。在那场激战中，年轻的约翰逊独得42分，夺下15个篮板球，还有7次助攻，3次抢断，全场成了他的表演舞台。他率队赢得了他第一枚总冠军戒指，同时获NBA总决赛的MVP奖。

1991年，"魔术师"不幸染上艾滋病毒，不得不告别NBA。但他没有屈服，以自己的真诚换来了人们的理解和尊重，继而在积极治疗的前提下，继续从事篮球运动的训练和比赛，并在1992年参加了东部全明星赛和奥运会。1996年，时隔4年的约翰逊再度出山，为使年轻的湖人队加速成熟尽了自己的全部力量。1997年3月，约翰逊奇迹般地战胜了绝症，在他体内已找不到艾滋病毒。

【主要荣誉】

3次成为NBA最有价值球员，5次获NBA总冠军，3次成为NBA总冠军最有价值球员，12次入选NBA全明星阵容，2次获全明星赛MVP，1992年获巴塞罗那奥运会金牌。

"微笑刺客" 托马斯

全名：伊塞亚·托马斯；英文名：Isiah Thomas；生年：1961年；身高：1.85米；体重：84公斤；毕业学校：印第安纳大学；场上位置：后卫；球衣号码：11号；曾效力球队：活塞队

托马斯长着一张娃娃脸，总是带着微笑。

1961年4月30日，他生于芝加哥西部的一个贫民区，是9个孩子中最小的一个，住在芝加哥西区最贫穷和危险的地区。他的家庭有时要忍受饥饿，也没有暖气，而且床铺空间的缺乏让一些

孩子不得不睡在地板上。托马斯的父亲在他3岁时离开了这个家庭，撇下他的母亲独力将孩子们拉扯大。

母亲玛丽·托马斯倾尽全力让自己的孩子远离那一地区泛滥的毒品、暴力和犯罪，她的事迹曾经诞生了一部1990年的电视纪录片。一贫如洗，人性弱点，水深火热……托马斯所住的那个地区就是这样。但是一踏入他的家门，迎接你的是他的微笑。对于像他这样家庭遭受如此不幸的人来说，他所展现出来的乐观让人难以置信。

托马斯在高中时期便带领校队取得了全州比赛冠军。上了印第安纳大学后，在著名教练博比·奈特的指导下，他进步更大。1978年，成为夺得泛美运动会篮球金牌的美国大学生队成员，1980年入选美国男篮奥运会代表队，但因美国抵制莫斯科奥运会而未能如愿夺得奥运会金牌。托马斯于1981年NBA选秀中第一轮第二位被底特律活塞队选中，从此开始自己的NBA生涯。当时的活塞队，全队上下无一人能够在赛季中平均每场得20分，但自托马斯开始，活塞队不断扩充新生力量。1984年，球队迎来了著名教练查克·戴利。

经过多年的磨炼，1988年托马斯终于带领活塞队闯进第一个总决赛，因经验不足，以3比4败给洛杉矶湖人队。随后在1989年和1990年，活塞队继续在东部称霸，两次击败处于上升期的芝加哥公牛队，并在总决赛中两度称雄，托马斯终于完成了他在底特律活塞队的历史使命。

托马斯凭他的灿烂笑容和铁石心肠赢得了"微笑刺客"的绰号。而当时以托马斯为首的底特律活塞队全都是一副铁石心肠，

被 NBA 上下称为 20 世纪 80 年代 NBA 的"坏孩子"团伙，其中就有 NBA 的篮板王丹尼斯·罗德曼。

场上的托马斯如同一个永不停歇的陀螺，他在得分助攻、抢断和上场场次上至今名列活塞队榜首。他除最后一年外，12 次入选东部明星队，1984 年至 1986 年，连续 3 次入选 NBA 最佳阵容，1990 年被评为 NBA 总决赛最有价值球员。托马斯目前助攻总数排在"魔术师"约翰逊、奥斯卡·罗伯逊和约翰·斯托克敦之后，列第四。此外，他还是一个在任何角度都可以准确投篮的后卫之一。

由于托马斯打球决不自私，而且经常带伤顽强比赛，被选为 NBA 运动员协会主席，从 20 世纪 80 年代一直到 90 年代初。

1994 年 5 月 11 日，托马斯宣布退役。退役后他成为 1995 年至 1996 年赛季刚加入 NBA 的多伦多猛龙队的合伙拥有者。作为球队的篮球部执行副主席，托马斯负责让这支新军形成自身特征，而他的第一阶段的举措之一就是在选秀中挑中了天赋异禀的小个控卫——达蒙·斯塔德迈尔，这位外号"小飞鼠"的球员成为 1995 年至 1996 赛季的最佳新人。

托马斯还继续着自己在教育、反暴力和反贫穷方面的慈善事业。在他打球的时候，托马斯支付了 75 个年轻人的大学学费。

【主要荣誉】

2 次夺得 NBA 总冠军，12 次入选 NBA 明星队，3 次入选 NBA 最佳阵容，1 次获总决赛 MVP 奖。他和鲍勃·库锡一起被誉为两个篮球场上最不可思议的"小个子"。2000 年入选奈史密斯篮球名人纪念堂。

"酋长"帕里什

全名：罗伯特·帕里什；英文名：Robert Parish；生年：1953年；身高：2.17米；体重：104公斤；场上位置：中锋；球衣号码：00号、11号；曾效力球队：芝加哥公牛队、武士队、凯尔特人队、黄蜂队

2.17米的"00号酋长"是联盟历史上参赛场次最多的球员。20世纪80年代，他同伯德、麦克海尔携手组成了历史性的前场"大三"组合，3次拿到总冠军。1996年至1997赛季，帕里什在其职业生涯的最后一年里，又随同公牛王朝再度捧取总冠军奖杯。

43岁才退出联盟，帕里什整整在NBA打拼了21个赛季。1611场比赛，是他留下的前无古人迄今未见来者的纪录。职业生涯总得分为23334分，排名联盟历史第十三位；共抓下14715个篮板，排名历史第六位；封盖数达到2361次，排名历史第六位；运动战入球数为9614个，排名历史第八位。

"酋长"之称源自帕里什的凯尔特人队的队友塞德里克·麦克斯韦。在观看了电影《飞越杜鹃巢》后，这位曾在1981年获得季后赛最有价值球员称号的神投手，根据影片中的人物角色与帕里什的高度自律天性，编排出了"酋长"的雅称，从此叫响联盟。

1982年至1983年赛季，帕里什再有19.3分、10.6个篮板的美妙数据，尽管凯尔特人队收获了56胜、26负，季后赛东部半决赛却4战草草负于雄鹿队。之后一年，场均19分、10.7个篮板的帕

179

里什帮助凯尔特人队再度崛起，总决赛上留下了与湖人队鏖战7场的经典对决。经历了主场的两场加时奏凯后，凯尔特人队迫使约翰逊与贾巴尔称臣。

1986年至1987年赛季，帕里什在他于NBA的第11个年份中送出了17.5分、10.6个篮板。1987年3月30日，在同76人队的比赛中，他拿到了职业生涯唯一的一次三双。

与湖人队的恩怨还在继续，同时凯尔特人队身边的活塞队与公牛队也开始壮大。1988年至1989年赛季，帕里什以18.6分、12.5个篮板的数据入选联盟第三阵容，但凯尔特人队的战绩仅有42胜、40负。1989年至1990年赛季，帕里什再以15.7分、10.1个篮板、58%的命中率，于两年后重返全明星阵容。1991年至1992年赛季，帕里什的职业生涯总得分超过了20000分。可之后的两年，他的挚友伯德和麦克海尔相继退役。凯尔特人队就此结束了那个辉煌时代。

1993年至1994年赛季，老酋长以自由球员身份加盟黄蜂队。1996年4月7日，他打破了贾巴尔创造的参赛1560场的联盟纪录。1996年9月，帕里什再以自由身加盟公牛队，随同公牛队拿到了个人第四枚总冠军戒指。

【主要荣誉】

跟随凯尔特人队获得3次总冠军，1997年在公牛队获得第4次总冠军，9次入选NBA全明星队。职业生涯延续了21年，其中9次入选全明星阵容。2003年入选奈史密斯篮球名人纪念堂。

"铁汉"尤因

全名：帕特里克·尤因；英文名：Patrick Ewing；生年：1962年；身高：2.14米；体重：115.7公斤；毕业学校：乔治敦大学；场上位置：中锋；球衣号码：33号；曾效力球队：尼克斯队、超音速队、魔术队

2003年3月1日，被誉为篮球圣地的纽约麦迪逊花园广场人潮汹涌，乔丹、巴克利、欧文等绝代高人都出现在这里，他们是来共同向一位伟大的球员和对手致敬。这一天，是传奇中锋尤因的33号球衣的退役仪式，以后，在这座城市将不会再有人有资格披上33号战袍。

尤因是NBA中锋时代的代表人物之一，绰号"铁汉"、"大猩猩"，11次入选全明星阵容，1992年梦之队成员，除助攻、抢断、3分球以外，其余所有技术统计在尼克斯队均列历史第一位。

1962年8月5日，尤因出生于牙买加，11岁时随家移居美国。1982年，尤因作为新生率领乔治敦大学杀入NCAA总决赛，但在最后时刻以1分之差惜败给北卡罗来纳大学，而投进那制胜一球的正是他一生的"死敌"——乔丹。尤因和乔丹之间的战争从那时候就开始了。1984年，乔治敦大学卷土重来，在NCAA总决赛中击败休斯敦大学，尤因终于品尝了人生中第一次总冠军的滋味。同年，尤因代表美国队出征奥运会，一路过关斩将，夺得金牌。

1985年，尤因以状元秀的身份被当时的弱旅尼克斯队以第一

顺位选中，那时候的尼克斯队纯粹是一个送分的机器。但"大猩猩"来后就不同了，两年后尤因带领球队以38胜、44负的战绩杀入东区季后赛。1988年至1989年赛季，尤因率领球队以52胜、30负的战绩成为大西洋赛区的老大，此时的尼克斯队脱胎换骨。

虽然尤因威力巨大，但是尼克斯队的管理层从一开始就犯了一个错误，他们过分依赖尤因一个人，而尤因并不是神。在接下来的几个赛季里，尤因的尼克斯队一次又一次被乔丹干掉。

当乔丹离开去打棒球的时候，积压已久的铁汉终于在沉默中爆发，1994年率领尼克斯队直逼总决赛。在总决赛中，纽约人的对手是休斯敦火箭队，尤因终于遇到了一位可以在中锋位置上较一日之长短的绝世高人——"大梦"奥拉朱旺。这是一场遭遇战，是巨人之间的战争。尤因在个人表现上略胜于奥拉朱旺，尼克斯队以3比1的总比分领先，可惜的是，"大梦"身边有霍里、史密斯等一众硬手。"大猩猩"被困住，尼克斯队失陷了。

尤因一生中唯一的一次机会被命运无情地践踏了，苍凉而悲壮。

1995年，依然孤独的"大猩猩"在东部决赛中被新锐奥尼尔和"便士"哈达威猎杀。再过一年，"神"又回来了，NBA乖乖地恢复了乔丹的秩序，尤因再度被笼罩在乔丹的身影下。此时的尤因已是满怀沧桑，但他身边依然看不到一个像样的搭档。

2000年，尼克斯队遗弃了为之拼搏了15年而伤痕累累的尤因，铁汉流落西雅图。第二年，为了一直追求的总冠军梦想，老尤因来到拥有麦克格雷迪和格兰特·希尔的魔术队，但随着"玻璃人"希尔的受伤，尤因的梦彻底破碎了。2002年，满身的伤病终于使年迈的尤因无法再上场，铁汉在拼尽最后一滴汗水后，倒下了。

11次入选NBA全明星队，5次入选NBA最佳阵容，1992年入选梦之队，1984年和1992年两届奥运会金牌获得者。2008年入选奈史密斯篮球名人纪念堂。

"大梦"奥拉朱旺

全名：哈基姆·奥拉朱旺；英文名：Hakeem Olajuwon；生年：1963年；身高：2.13米；体重：115.8公斤；毕业学校：休斯敦大学；场上位置：中锋；球衣号码：34号；曾效力球队：火箭队、猛龙队

1963年1月21日，奥拉朱旺出生在尼日利亚的首都拉格斯，少年时入选尼日利亚少年足球队，担任过守门员。进入穆斯林师范学校学习的时候打的是手球。直到1978年，一次偶然的机会被借用打篮球时，这位身高2米多的天才才参加了他生平第一次的正式篮球联赛。两年之后，17岁的奥拉朱旺入选尼日利亚国家队，参加全非运动会的篮球比赛。在一场比赛中，他一人夺得60分和15个篮板球。

1980年，一位在非洲教篮球的美国教练克里斯托夫·庞德发现了高大、年轻的奥拉朱旺。他向多所美国大学推荐了能够说一口流利的法语和4种尼日利亚方言的奥拉朱旺。所有的大学都希望这个孩子来试一试，于是奥拉朱旺千里迢迢来到美国。奥拉朱

旺接触到的第一个美国城市是纽约，但他不喜欢纽约寒冷的冬天，于是，来到温暖的休斯敦。

休斯敦大学著名的教练刘易斯见到奥拉朱旺后如获至宝，他把刚刚下了出租车的奥拉朱旺直接带到篮球场。

奥拉朱旺在刘易斯的严格训练下，进步神速，特别是他脚步动作灵活敏捷，假动作逼真多变，很快赢得了"大梦"的雅号。1984年，奥拉朱旺以每场13.4个篮板球、67.5%的投篮命中率和5.6次盖帽的成绩入选全美大学生最佳阵容。同年夏天，他以第一轮第一位的"新人状元"身份被火箭队选中。在他之后排名第三和第五加盟NBA的还有日后的巨星乔丹和巴克利。年轻时奥拉朱旺脾气暴躁，目中无人。但一次因眼部受伤，奥拉朱旺缺阵25场，当这位主力中锋坐在场边看到队友们越打越好时，他认识到了集体的重要。1995年他患贫血，1997年3次因突发性心律不齐而住院，但是奥拉朱旺很快克服了这些疾病，继续在比赛中扮演中流砥柱的角色。

在奥拉朱旺的NBA生涯中，他每个赛季的平均分都超过20分，平均每场篮板球超过10个。1989年和1990年蝉联NBA篮板王，1994年，为火箭队夺得历史上第一个总冠军立下汗马功劳，1995年再度称雄。此外，奥拉朱旺是NBA历史上同时获得"NBA最有价值球员奖"、"NBA最佳防守队员"和"NBA总决赛最有价值球员"三项大奖的第一人。1994年至1995年，他再获NBA年度MVP奖。奥拉朱旺12次入选全明星队。1996年入选美国梦之队，获奥运会金牌。

2002年，饱受伤病困扰的"大梦"终于结束自己的球员生涯。

如今奥拉朱旺已经46岁了，在离开职业赛场多年后，他已经变成一个房地产商人。

1989年、1990年两度NBA篮板王，1994年、1995年两获NBA总冠军，1次荣获年度MVP，2次总决赛MVP，12次入选全明星队。1996年获奥运会男篮金牌。2008年入选奈史密斯篮球名人纪念堂。

"大鲨鱼"奥尼尔

全名：沙奎尔·奥尼尔；英文名：Shaquille O'Neal；生年：1972年；身高：2.16米；体重：147.4公斤；毕业学校：路易斯安那州立大学；场上位置：中锋；球衣号码：32号、34号；曾效力球队：湖人队、魔术队、尼克斯队

奥尼尔是湖人队的绝对核心，也是当今NBA当之无愧的内线霸主，他在禁区里雷霆万钧的扣篮没有一个球员可以阻挡。主要得分方式为挤进内线的扣篮和篮圈正面的小勾手。由于身高体壮，被称为"大鲨鱼"。虽然在内线具有无坚不摧的杀伤力，但是他的助攻能力同样不容小视，他的盖帽也让无数成名豪杰在禁区内无功而返。他曾经在2000年到2002年三度率领湖人队夺取了NBA总冠军，这也奠定了他的历史地位。

奥尼尔是篮球运动100年历史上出现的最庞大的"大力神"。奥尼尔虽然身高2.16米，体重超过100公斤，但是却能像短跑运动员一样冲刺，能像跳高运动员一样腾起，还可以像举重运动员一样在两三个人的重压下跳起扣篮。1992年至1993赛季开始前，

顶级篮球联赛美职篮

他被奥兰多魔术队以第一轮第一位选中。20岁的奥尼尔一进入NBA，立即掀起一阵狂风巨浪。

在短短的3年时间内，奥尼尔夺得了1次得分王称号，并且将一支原来根本进不了复赛的队伍，第一年带到季后赛门口，第二年带进了8强，第三年带进了总决赛。虽然没有夺得最后的总冠军，但是这种三级跳的进步速度的确惊人。1996年至1997年赛季开始前，奥尼尔又一次掀起轩然大波，他与洛杉矶湖人队签订了一份7年1.2亿美元的合同，这是篮球历史上前所未有的巨额合同。

在魔术队的3年，奥尼尔虽然力大无穷，但是技术还略嫌粗糙。在他进入NBA的第一个赛季，便有3次在扣篮的时候将篮板和篮筐拉坏，最后竟然将一个篮球架给拉倒。奥尼尔是继1981年至1982年赛季的乔丹之后，第一位在全明星赛中以新人身份开场的队员，他毫无争议地当选为年度最佳新人。

取得成功的奥尼尔并不像别的一些名人那样拿自己的成绩炫耀并因此而看不起别人，恰恰相反，性格有些像"大小孩儿"的奥尼尔十分谦虚，而且会主动地帮助那些需要帮助的人们。他会经常参加一些公益活动，有时还会去医院、孤儿院看望病人和孩子们。复活节和圣诞节的时候，他会买玩具送给那些贫困的孩子。他还会为了让球迷们买到便宜的球鞋而开办自己的球鞋公司，然后把自己公司生产的球鞋以低廉的价格卖给球迷们……

球场之外的奥尼尔，还是一位摇滚歌手和影视演员，他已经出了自己的数张歌曲专辑和影片。

2005年，奥尼尔与李宁签约，成为中国运动品牌第一位与之

签约的NBA全明星球员。

2008年2月7日，奥尼尔正式转会至菲尼克斯太阳队。

【主要荣誉】

4次获NBA总冠军，3次获得NBA总决赛MVP，4次入选NBA最佳阵容，2次入选NBA第二防守阵容，14次入选全明星阵容，荣获1996年奥运会篮球比赛冠军，1994年世界男篮锦标赛冠军。

"海军上将"罗宾逊

全名：大卫·罗宾逊；英文名：David Robinson；生年：1965年；身高：2.16米；体重：113公斤；毕业学校：海军学院；场上位置：中锋；球衣号码：50号；曾效力球队：马刺队

1965年8月6日，罗宾逊出生于佛罗里达州的基韦斯特，从小受到良好的家庭和学校教育。高中毕业后，他参加了海军，在海军学院学习数学。在海军学院期间，他的身高增加了18厘米，并被评为1987年的全美大学最佳篮球选手。1987年，大学毕业后他被圣安东尼奥马刺队在NBA选秀大会上以第一轮第一位选中，但是他坚持服完两年兵役后才到马刺队报到，为此他得到了自己的绰号"海军中尉"。后来随着他在马刺队的地位和作用越来越重要，球迷将他的官衔晋升到"海军上将"。

罗宾逊是一位左手投篮型中锋。不仅可以在篮下强攻，而且可以在外围远投，特别是他参加快攻时的跟进扣篮和空中补篮，让人防不胜防。作为在他的那个时代的顶尖中锋之一，即使算不上历史上最佳，"海军上将"罗宾逊也毫无疑问是一个篮球奇才，在场外也是一个值得尊敬的人物。对于一个瘦而肌肉发达的运动员来说，他速度快、身体壮而且动作敏捷。在他加入NBA的前6个赛季，获得了年度最佳新秀、最有价值球员以及年度最佳防守球员的荣誉。除了一个篮板王的头衔外，他还获得过1次得分王，6次入选全明星，3次入选NBA第一阵容以及3次入选NBA第一防守阵容。

罗宾逊在职业生涯中平均每场得到21.1分、10.6个篮板以及2.5次盖帽，并且得到两次NBA总冠军——其中第二次是在他的最后一个赛季。这些成就使他成为NBA的传奇巨星之一。

生活中的罗宾逊热爱音乐、文学，待人接物彬彬有礼，深得队友、家人和周围人们的关心和爱戴。

罗宾逊给后人留下来的财富还表现在他是职业体育界中杰出的慈善家之一。2003年3月23日，NBA总裁David Stern宣布未来的NBA社区援助奖的获得者将能够得到罗宾逊勋章。在罗宾逊的慈善成就中，还包括他捐助了900万美元以帮助建造及维护Carver学院。

罗宾逊经常提醒马刺的队友："得到一个冠军并不保证你变得更好。那并不会证明什么。"但冠军是罗宾逊征战NBA历程的一部分。他的第一个冠军来自他的第十个赛季，即1998年至1999年的那个缩水赛季，球队在让人信服的5场总决赛中击败了纽约尼克斯队。

在漫长而杰出的职业生涯将要结束的时候，罗宾逊在2002年至2003年赛季得到了他的第二枚总冠军戒指。

【主要荣誉】

2次获得NBA总冠军，1次获NBA最佳新人称号，2次获MVP奖，4次入选NBA最佳阵容和最佳防守阵容，2次入选美国梦之队，获2枚奥运会金牌。

"坏小子"巴克利

全名：查尔斯·巴克利；英文名：Charles Barkley；生年：1963年；身高：1.98米；体重：114公斤；毕业学校：奥伯恩大学；场上位置：前锋；球衣号码：34号；曾效力球队：火箭队、76人队、太阳队

1963年2月20日，巴克利出生于亚拉巴马州的利兹市。巴克利在15岁之前常常和学校的小伙伴四处游荡，过着惹是生非的日子。15岁时他开始一心一意练篮球，虽然训练十分刻苦，但是巴克利到上高中二年级的时候身高也只有1.70米。到三年级后他长到了1.85米，还是学校的替补队员。

在1984年夏天进行的NBA选秀中，巴克利在第一轮的第五位被费城76人队选中，此后在76人队中他一待就是8个赛季。

当时的费城76人队拥有摩西·马龙和"J博士"欧文，但是这些巨星的光环并不足以掩盖巴克利的锐气。巴克利只要一拿球就皱着眉、低着头往里猛冲，敦时篮下一片人仰马翻，其中有对手，也有队友。

巴克利粗鲁的球风和不在乎战术配合的个性招来了费城球迷的颇多不满，再加上他生性淳朴、耿直，想说什么就说什么，是出了名的"大嘴"，于是巴克利的种种绰号开始满天飞，包括恶汉、坏小子、胖子、面包、比萨斜塔。

　　1992年，巴克利转会到凤凰城太阳队，太阳队曾送给76人队3名队员作为交换。

　　1993年，是巴克利NBA生涯的最高峰。这一年他带领太阳队杀进了NBA的总决赛，最后因为他腰部的老伤发作，太阳队最后2比4不敌乔丹带领的芝加哥公牛队。但是，这一年的"NBA最有价值球员"荣誉授给了巴克利。

　　在太阳队打了4个赛季之后，眼看着巴克利想夺得总冠军的梦想又要成为泡影，于是巴克利再次要求转会，这次巴克利换上了休斯敦火箭队的队服。

　　在NBA历史上，有4名球员得分超过20000分、篮板超过10000个和助攻超过4000次，他们是贾巴尔、张伯伦、卡尔·马龙和巴克利。但当人们谈到巴克利的成就时，很多人首先想到的是关于他16年辉煌的NBA生涯中那有趣的，有时甚至是对他喋喋不休的关于篮球生涯和个人生活的负面评论。

　　巴克利并没有被吓倒，在他进入费城76人队后，他很快使关于他的负面报道消失。

　　1999年12月9日，巴克利在同费城76人队的比赛中受伤，继而宣布退役。这样，这位与乔丹同时代的著名运动员带着一丝遗憾告别了NBA。

3次获IBM奖，1次获常规赛MVP，1次获全明星赛MVP，11次入选全明星队，1次入选梦之队，获巴塞罗那奥运会冠军，5次入选NBA最佳阵容，1次当选篮板王。2006年入选奈史密斯篮球名人纪念堂。

"邮差"卡尔·马龙

英文名：Karl Malone；生年：1963年；身高：2.06米；体重：116公斤；毕业学校：路易斯安那理工大学；场上位置：前锋；球衣号码：32号、11号；曾效力球队：爵士队、湖人队

1963年7月24日，卡尔·马龙出生于路易斯安那州的萨穆菲尔德。

犹他爵士队的球探是在路易斯安那理工大学里发现卡尔·马龙的，这是一所位于路易斯安那乡下的规模不大的学院。他的球迷送给他一个"邮差"的绰号，因为他每天都在不断地训练。初入NBA的马龙罚球命中率很低，为此他苦练不止，到了第三个赛季便达到了70%。他从一位投篮命中率不高的前锋成长为NBA中得分最高的前锋之一。此外，一度对防守兴趣不大的卡尔·马龙，后来也成为场上最出色的防守人员之一。

卡尔·马龙在1996年至1997年赛季达到了他运动生涯的高峰。他平均每场得分27.4分，抢得9.9个篮板球，并第一次荣获了NBA"最有价值的球员"称号，还同时入选全明星最佳阵容和最

佳防守阵容。"邮差"将爵士队送入了NBA总决赛。虽然芝加哥公牛队经过6场恶战捧得了冠军奖杯，但是卡尔·马龙已经向球迷们证明了为什么他会有幸入选NBA 50强。

很少有球员能像卡尔·马龙一样在前锋和后卫的位置上都能很有威慑力。自从第二个赛季开始，他平均每场的得分从未低于25分。自从加盟NBA以来，他平均每场得分高达26分，抢得10.8个篮板球。前芝加哥公牛队的约翰·帕克森说："没有人能像卡尔·马龙那么强壮，他跑起来像个后卫，盖帽又像个中锋，他还能非常出色地抢篮板，真的没有什么是他不能做的。像他这样块头的人能做到这些，实在太令人吃惊了。"前NBA中锋科兹恩也说："这家伙总是不知疲倦，他从未停止过工作，而且随着比赛的深入，他会变得越来越强壮，他简直像台机器。"

2000年1月29日，卡尔·马龙成为继张伯伦和贾巴尔后第三位得分达到30 000分的球员。卡尔·马龙最遗憾的无疑是缺少一枚总冠军戒指，这也是和乔丹同一代球星普遍面临的尴尬。

2003年夏天，即将年满四十的卡尔·马龙成为自由人。四十不惑，马龙忠心耿耿将自己的职业生涯最辉煌的岁月留给了盐湖城，但是为了能够在自己职业生涯结束之前赢得一枚总冠军戒指，卡尔·马龙不得不选择离开，夺标热门之一的湖人队成为他最终的归宿。2002年至2003年赛季，还拿着1900万美元年薪的卡尔·马龙，为了能够得到在湖人队的首发地位，不得不委曲求全，接受了湖人队开出的150万美元的"低薪"。

在湖人队，卡尔·马龙与科比·布莱恩特、沙奎尔·奥尼尔、加里·佩敦合称湖人队"四大天王"。但是，队内关系不和谐，科

比与奥尼尔之间关系恶化，洛杉矶湖人队于总决赛以1比4败于底特律活塞队。由于得不到总冠军戒指，受到伤患困扰，加上队友科比·布莱恩特又控诉他以言语性骚扰其妻子，卡尔·马龙回到犹他爵士队所在地盐湖城，在犹他爵士队经理、教练和妻子的陪同下，卡尔·马龙以犹他爵士队球员的身份宣布引退。

1998年，卡尔·马龙当选为NBA历史50大球星之一。

业余时间，卡尔·马龙喜欢打猎和钓鱼，他在阿肯色州拥有自己的一个大牧场。马龙还是一个车迷，他拥有用自己名字命名的"卡尔·马龙丰田车队运输公司"。他收集各种汽车、摩托车和大卡车，其中他最钟爱的是一辆有18个车轮的长厢货车。

【主要荣誉】

连续11次入选全明星赛，连续11次入选最佳阵容第一队，连续3次入选最佳防守阵容第一队，获2次常规赛MVP、2次全明星赛MVP，是梦一队和梦三队成员。连续8个赛季保持爵士队"得分王"和"篮板王"称号。

"蝙蝠侠"皮蓬

全名：斯科蒂·皮蓬；英文名：Scottie Pippen；生年：1965年；身高：2.01米；体重：103公斤；毕业学校：中阿肯色州立大学；场上位置：前锋；球衣号码：33号；曾效力球队：公牛队、火箭队、开拓者队

1996年，皮蓬得到一个响亮的绰号——"蝙蝠侠"。这对于皮蓬在球场上那种无所不在、无所不能的表现来说，可谓名副其实。

如果说当年公牛队夺得3连冠的时候皮蓬还被笼罩在"飞人"乔丹的影子里，那么后来皮蓬则已经和乔丹相映生辉了。皮蓬和乔丹加上丹尼斯·罗德曼组成的公牛队新一代"铁三角"，在1995年至1996年赛季不但创下了72胜、10负的NBA常规赛季空前的胜率纪录，而且为公牛队第四次夺得总冠军。

1965年5月29日，皮蓬出生于阿肯色州的一个叫做汉堡的小镇。皮蓬几经奔走才进入中阿肯色州立大学，这绝非一个篮球名校。皮蓬在进入大学的第一年每场比赛才得4.3分，只是一名替补而已，另外还为队友准备球衣和管理更衣室。

皮蓬后来被西雅图超音速队在第一轮第五位选中，而当时真正看出皮蓬巨星素质并决心要得到这块玉的人，却是芝加哥公牛队的副主席兼总经理杰里·克鲁斯。这位专门负责为公牛队网罗人才的"伯乐"，在选秀大会结束后，立刻和超音速队协商，用公牛队在第一轮第八位选择的中锋伯利尼斯加上1988年或者1989年第二轮选秀权和超音速队交换皮蓬。

来到公牛队的第一年，皮蓬主要以替补身份出战。在他的第一个NBA赛季中，平均每场得14.4分，抢6.1个篮板球和3.5次助攻，在此后3年里，皮蓬每年都有长足进步。这主要得力于他在训练中和乔丹的对抗以及在比赛中和乔丹的合作。经过3年的磨练，皮蓬终于成为和乔丹一起最杰出的一对搭档，加上和皮蓬同年加入公牛队的大前锋格兰特的篮下威力，公牛队终于在1991年第一次夺得NBA的总冠军，并在随后的两年蝉联这一荣誉。从

此，皮蓬成为公牛队和乔丹一样不可缺少的重要成员，成为公牛队四夺总冠军的主要功臣之一。

皮蓬还7次入选东部明星联队，并在乔丹退役后的1994年全明星联赛中，以独得29分夺得该届全明星联赛"最有价值球员"荣誉。

1998年至1999年赛季，乔丹宣布退役，皮蓬也离开了自己待了11年的公牛队。皮蓬走前，曾要求公牛队将自己的33号球衣退役，但被拒绝，这使皮蓬觉得更加伤心，最后皮蓬决定和火箭队签约。来到火箭队的皮蓬，本来想有一番作为，但最终没有融入火箭队的整体之中。火箭队虽然进入最后的季后赛，但在季后赛第一轮却遇到了湖人队，最终以1比3被湖人队淘汰出局。作为NBA历史上最全能的球员，皮蓬的NBA生涯遇到了低谷。最后皮蓬被交换到波特兰开拓者队。

【主要荣誉】

5次获NBA总冠军，6次入选NBA最佳防守阵容，7次入选东部明星联队，获1994年全明星赛MVP，1992年和1996年两获奥运会金牌。

"滑翔机"德雷克斯勒

全名：克莱德·德雷克斯勒；英文名：Clyde Drexler；生年：1962年；身高：2.01米；体重：97.5公斤；毕业学校：休斯敦大学；场上位置：后卫；球衣号码：22号；曾效力球队：火箭队、开拓者队

1966年6月22日，德雷克斯勒出生于新奥尔良，就读于休斯敦斯特灵高中，大学是在航天名城休斯敦上的。大学期间他与奥拉朱旺是亲密的校友和队友，一起并肩征战NCAA。

1992年，德雷克斯勒入选NBA最佳阵容一队，并且入选巴塞罗那奥运会美国男篮梦之队。

从1983年起，德雷克斯勒效力于波特兰开拓者队。1995年2月，德雷克斯勒转会至火箭队，并在1994年至1995年赛季中表现出色，与队友合作，使休斯敦火箭队以4比0战胜魔术队，获得该赛季NBA联赛总冠军，这也是他篮球生涯中获得的第一个NBA联赛冠军。

1995年10月，德雷克斯勒与队友合作，使休斯敦火箭队夺得国际篮球俱乐部赛冠军。

德雷克斯勒与芝加哥公牛队的美国篮球巨星乔丹一样，属于有天分的球员，他的速度和弹跳非常出色，在场上常给对手一种压力，被人称为篮球场上的"滑翔机"。

德雷克斯勒被球迷称为"滑翔机"，一是因为英文中"滑翔机"的发音和德雷克斯勒的名字克莱德十分相近；二是因为他的弹跳能力非常出众，在起跳之后能轻松地继续向篮圈飞翔。

德雷克斯勒说："篮球本身就是一种乐趣，和胜负无关。"

年轻的时候，德雷克斯勒曾经参加过一个像跳高比赛一样的扣篮比赛，每一轮之后，篮筐的高度都要升高，结果最后德雷克斯勒获得冠军，他将球漂亮地扣进了3.60米的篮筐。身高2.01米的德雷克斯勒不仅能跳，而且速度极快。他运球时总是低着头，

但是令人不解的是，他总能发现那些在快攻中处于最佳位置的队友并将球传给他们，轻松得分。如果队友没有很好的机会，他则可以独骑闯关，直冲篮筐得分。

在刚踏上NBA赛场时，德雷克斯勒几乎有球就扣，好像不会其他得分似的。

从20世纪80年代初到90年代，德雷克斯勒被公认为NBA除乔丹之外最优秀的攻击后卫。他的NBA生涯始终与"飞人"紧紧相连。当时的球迷总是津津乐道地把他们放在一起比较。

德雷克斯勒在NBA生涯的15个赛季里共得22 195分，助攻6 195次，篮板6 697个，他和奥斯卡·罗伯森、约翰·哈夫利切克是NBA历史上仅有的3位球员得分超过2万分、助攻和篮板都超过6000次的球员。德雷克斯勒的2207个抢断也在NBA历史上列第四位。

1996年，德雷克斯勒退役，在德克萨斯大学任教练。

【主要荣誉】

1995年获NBA总冠军，1992年入选NBA年度第一阵容，10次入选全明星阵容，1992年获奥运会金牌。2004年入选奈史密斯篮球名人纪念堂，1996年当选NBA 50周年50大巨星。

"终极团队球员"斯托克敦

全名：约翰·斯托克敦；英文名：John Stockton；生年：1962年；身高：1.85米；体重：79公斤；毕业学校：贡扎加大学；场上位置：后卫；球衣号码：12号；曾效力球队：爵士队

1962年3月26日，斯托克敦出生于华盛敦州的斯波坎。上高中时，他是学校的棒球和篮球两栖明星。大学就读于贡扎加大学。1984年，他在NBA第一轮选秀中第十六位被犹他爵士队相中。斯托克敦虽没有扣篮的惊人弹跳力，也没有鲍勃·库锡式的花样传球，但是却拥有敏锐的观察力、惊人的速度、无所不能的传球能力和准确的3分球远投能力。

　　在爵士队中，斯托克敦和卡尔·马龙形成NBA历史上的最佳搭档，人称"犹他双煞"。两人的合作延续到1992年及1996年的奥运会，为美国摘下奥运金牌立下了汗马功劳。

　　斯托克敦目前几乎拥有所有的助攻纪录：15806次助攻总数纪录，连续9次当选助攻王，一个赛季最多助攻次数1164次（1991年），一个赛季平均每场最高助攻次数14.5次（1990年），季后赛一场比赛最多助攻次数24次。NBA生涯平均每场最多的助攻次数11.6次，7个赛季中助攻都超过了1000次，助攻次数超过20次的比赛有35场。另外，他还拥有NBA抢断总数纪录3265次。

　　在斯托克敦长达19年的NBA生涯中，他给所有人留下了同样的印象——低调、平和、沉默，只有在球场上才表现出他对胜利的火一样燃烧的渴望和永不屈服的韧劲儿。

　　约翰·伍登这位传奇教练曾经说过："斯托克敦是我最爱看的一位NBA球员，也是唯一一位让我愿意花钱去看的NBA球员。"另一位传奇教练杰克·拉姆齐也说过："斯托克敦是'终极团队球员'，史上最好的半场攻防控卫。"

　　如果论身体条件的话，斯托克敦也许只在百名开外，但NBA

比的不只是身体条件。斯托克敦就是这样一个人，在球场上，你永远看不到他花哨的运球，只有最基本的击地传球和挡拆配合。所以，斯托克敦打的篮球，是真正的篮球。

20世纪最伟大的组织后卫鲍勃·库锡曾满怀激情地说过一句话："如果字典里有组织后卫这一词的话，那他的解释一定是——约翰·斯托克敦。"是啊，斯托克敦在他的19年职业生涯里几乎扮演着悲情的角色。他没有比尔·拉塞尔那双手承载不下的辉煌，没有斯帕特·韦伯那惊人的弹跳，没有贾森·基德那探囊取物般的"三双"，没有加里·佩敦那喋喋不休的大嘴……他什么也没有，甚至连一枚总冠军戒指也没有。所以，库锡说的话也许是斯托克敦这辈子最高的荣誉了。但是，就是这样一位身高仅1.85米的白人后卫，却让全世界所有喜爱NBA的人都改变了对篮球和白人后卫的看法。

2004年11月22日，爵士队主场迎战黄蜂队。斯托克敦缓步走进赛场，脚下的每一块地板他都十分熟悉，因为这里曾经留下了他的泪水和欢笑。他举起了话筒，可他发现已经说不出什么了，他只能用"谢谢"来表达自己现在的感情。稍微平静一下后，他说："感谢大家19年以来的支持，在这里我感到很快乐，这里就是我的家。"无数的球迷都为他鼓掌、欢呼。

场外，斯托克敦的青铜雕像已经竖起，将永远伴随着德尔塔球馆，伴随着盐湖城，伴随着犹他爵士队，将成为盐湖城的标志。斯托克敦唯一的遗憾是没有获得总冠军。

【主要荣誉】

连续9次当选NBA助攻王，9次入选NBA全明星队，1993年获全明星赛MVP奖，1992年和1996年两获奥运会金牌。

"空中飞人"乔丹

全名：迈克尔·乔丹；英文名：Michael Jordan；生年：1963年；身高：1.98米；体重：98公斤；毕业学校：北卡罗来纳大学；场上位置：后卫；球衣号码：23号；曾效力球队：公牛队、奇才队

乔丹说："我可以接受失败，但无法接受放弃。"

永不放弃的乔丹是公牛队中的巨无霸，是全球最红的巨星，其光芒遮盖了好莱坞中任何一位大牌明星。乔丹是近几十年来全球最伟大的运动员，其影响使足球、网球、橄榄球等球种中任何一位"天皇"自愧不如。

在1996年美国《生活》周刊评选的战后一代美国最杰出的50位人物中，乔丹排名第九，克林敦不过是排名第三，比尔·盖茨也只是第七。

1963年3月27日，乔丹出生于纽约的布鲁克林。读中学时棒球、篮球、橄榄球及田径都很出色，尤以棒球最佳，曾经担任校队投手，参加了州联盟比赛并获得冠军。

1982年，他随北卡罗来纳大学夺得NCAA冠军。

1984年，还是大学三年级学生的乔丹以首轮第三位被芝加哥公牛队相中。1984年至1985年赛季，被评为NBA最佳新人。作为队长率领美国大学生队夺得第二十三届洛杉矶奥运会男子篮球冠军。

1986年，在与波士敦凯尔特人队的比赛中独得63分，创造了NBA复赛一场比赛个人得分最高纪录。

1987年和1988年两次获得全明星赛扣篮大赛冠军。

1987年，在与亚特兰大鹰队的比赛中连续投中23分（即全部命中），创造了NBA个人连续得分最高纪录。

1989年，在与爵士队的比赛中平了一节比赛罚中14分的NBA最高纪录。

1992年，入选梦之队，并获得巴塞罗那奥运会男篮冠军。1992年，关于乔丹在打高尔夫球中有赌博行为的传闻四起。

1993年1月9日，乔丹在与密尔沃基雄鹿队的比赛中得了35分，使他成为NBA历史上第十八位突破2万分的球员。2月10日，公牛队客场以115比104战胜步行者队。比赛中，乔丹与雷吉·米勒发生冲突，乔丹认为米勒故意用肘顶他，所以回敬一拳。当时米勒被罚出场，而乔丹继续比赛，这使得米勒及步行者队愤愤不平。事后通过重放录像，乔丹被罚10 000美元并停赛一场。5月12日，乔丹以最高分（51分）入选本赛季最佳防守阵容。5月25日晚，乔丹前往大西洋城赌博，当时离东部联盟决赛只有18个小时。6月4日，圣地亚哥的一家娱乐公司总经理埃斯基纳斯出版了一本叫《我的赌友乔丹》的书，书中披露了乔丹与之豪赌的事情，并声称赢了乔丹125万美元。乔丹承认与之有过赌博行为，但否认输了125万美元。6月21日，在公牛队与太阳队的第六场比赛中，帕克森在最后3.9秒投中一个3分球，从而以99比98战胜了太阳队，夺得冠军，总比分为4比2。公牛队实现了3连冠的霸业。乔丹在该次总决赛中平均每场得41分，创造了NBA总决赛得分纪录。8月3日，乔丹的父亲在南卡罗来纳州的一条小河旁被两名青年杀害。10月6日，乔丹在芝加哥公牛队训练中心宣布了一个震惊世界的消息：将从篮球场上退出。

1994年初，乔丹宣布加盟芝加哥白袜棒球队。3月4日，乔丹作为新人第一次在棒球比赛中亮相，表现平平但获得球迷的阵阵喝彩。他说："我感到困惑，我并没有击出什么好球，他们却给我那么多掌声，这给我很大的压力。"9月9日晚，乔丹应邀参加皮蓬组织的为芝加哥儿童筹集福利金的义赛，乔丹在比赛中独得52分。

1995年3月18日，乔丹的一句"I'm back"又一次震惊世界。1996年3月18日，乔丹在对76人队的比赛中，使自己的职业生涯总得分达到24 000分，成为公牛队历史上得分最高的人。1999年1月13日，乔丹第二次宣布退役，他的23号球衣也在联合中心体育馆永久退役。2000年1月19日，乔丹任华盛顿奇才队执行总裁。2001年10月31日，在新赛季NBA揭幕战中，乔丹第二次复出。2003年，乔丹正式退役。

【主要荣誉】

6次获NBA总冠军，5次获NBA常规赛MVP，2次获奥运会冠军，10次入选NBA最佳阵容，8次得分王，1次NBA年度最佳新人奖，12次参加全明星赛，其中3次被评为全明星赛MVP。1996年入选NBA50周年最伟大球员。